KB233771

임금님 귀는
당나귀 귀?

임금님 귀는

(신라 개혁 군주 경문왕의 비밀)

당나귀 귀?

조범환 · 문왕 함께 쓰다

푸른역사

개혁 군주의 한 말씀

짐은 보았다. 요즘 너희들이 읽는 신문에는 '개혁으로 인해 누적된 피곤'이 설왕설래 한다하는구나. 엊그제까지만 해도 너희의 개혁을 이끄는 젊은 피를 386세대라고 일컬었고 변화를 바라는 기대가 하늘을 찌른다더니만 이제는 그에 대한 불평불만도 많아진 모양이디구나. 젊은 개혁 주도 세력은 내세울 게 도덕적 원칙뿐이고 함량미달이란 말도 무성하다던데, 천 년을 넘는 동안 하릴 없이 늙어버린 나로서야 뭐가 뭔지 모르겠다. 그래도 하나는 알겠으니, 모든 태풍의 한가운데 있는 대통령님은 아마 무척이나 외로우실 게다. 어디선가 그 양반 출신 성향이 개혁밖에 모르게끔 되어 있다는 말도 들은 것도 같은데, 인정상 외롭지 않을 수 없겠구나.

이렇게 말하는 짐은 하늘이 보우하는 위대한 나라, 대신라의 보위를 이어받은 48대 왕 경문대왕이니라. 천 년을 버텨온 찬란한 나라가 쥐구멍에 좀먹어 와르르 무너지려던 때, 조상이 일궈낸 빛나던 영광 돌이키고자 젊은 화랑으로 보좌(寶座)에 올라 잘못된 세상 바꿔보고자 개혁에 밤낮으로 매진했다. 어찌 쉬운 일이었겠는가? 왕의 자리에 있던 15년, 짧다면 짧고 길다면 긴 청춘의 세월을 바쳐 개혁의 길에 매진하였도다. 제 욕심만 차리려 드는 호랑 같은 진골귀족들이 이빨을 세울 때, 짐과 뜻을 같이하는 젊고 용맹스런 화랑의 무리와 육두품들이 짐의 수족이 되어 나라를 위해, 충심으로 한 뜻이 되어 싸워왔노라.

그런데도 개혁의 길은 짐을 외롭고 힘들게 만들었다. 지나가는 풍문을 듣자하니 짐이 침전에서 뱀들이 둘러싸야 겨우 잠을 이룬다 하던데, 근거 없는 소문을 두고 불온한 말을 쑥덕이는 자 많았음을 능히 알 수 있다. 뿐만이 아니었다. 짐의 귀가 범인들의 그것보다 크고 귓바퀴가 뾰족하다고 하여 흉허물이 되었더구나. 부처님의 커다란 귀는 덕성이 높고 고아한 것을 드러내주는 상징이 되었거늘, 너희들은, 아니로다! 너희의 먼 할아비와 할미들은 그것을 알지 못하고 감히 무엄하고 불경스럽게도 짐의 용귀(龍耳)를 축생의—당나귀의 그것과 같다고 비웃었도다.

이제 와서 너희 조상의 원죄(原罪)를 탓하지는 않겠노라. 분명히 말하노니, 도탄에 빠진 민생을 위하여 짐의 개혁은 절실히 필요하였도다. 아니, 사실은 아무 힘없이 허수아비로 전락한 임금의 권위를 드높이기 위하여, 그것도 아니라면 위대한 나라 신라의 찬란한 영광을 되살리기 위하여 개혁은 반드시 필요했느니라. 하지만 짐이 일궈낸 개혁은 뿌리와 가지를 구분할 수 없는 지경이 되고, 한 번 꼬인 것이 다시 풀어지질 못해 첫날의 필요가 다음날의 피로를 초래하였도다. 비록 사정이 그와 같았다 한들 짐의 개혁이 어찌 깨진 독에 물을 부은 것일까? 무너져가고 있던 신라는 짐의 수완에 힘입어 아주 길지는 못했지만 다소 그 수명을 늘릴 수 있었느니라.

짐의 나라가 멸망한 지도 어언 천 년이 더 되었다. 시대도 바뀌고 세태도 바뀌어서 한 치 앞을 내다볼 수 없이 폭풍이 휘몰아치는 복잡한 오늘날 짐의 옛이야기는 너희에게 한낱 짐이 될지도 알 수 없건마는 행여 잠깐이라도 그 옛날 젊었던 개혁 군주 경문대왕—짐의 비밀스런 이야기를 알고자 하는 호기심이 있다면 이 책을 펼쳐보라.

대나무 숲을 스치는 바람결에 섞여 들리는
'당나귀 귀!' 소리에 큰 귀를 곤두세우며

2004. 12. 24
천 년 전 경문대왕 응렴이 너희들을 위해 쓰다.

清河界
法光寺
神光倉
立岩書院
安谷寺
杞溪院
忠惠寺
玉山書院
臨皐書院
安康倉
北面
高城驛
北門
衙舍
慶州
岩舍
鎮營
西岳書院
毛良驛
西面
南門
鳳凰基
賢院
鄕校
棠
南面
達川倉
深源寺
省峴
彦陽界

차례

清河界
寺先法
院書君立
倉先神
寺惠慈
寺谷安
倉溪杞
院書山玉
倉書冈流
北面
倉東安
慶城古
門北
衙舍
慶州
鎮營
岩舍
院書岳西
毛良驛
西面
門南
鄉校
發關
鳳凰臺
校鄉
達川倉
瞻星堂
南面
深海寺
倉南
彦陽界

차
례

복두장이만 아는
경문왕의 비밀

여러 가지 비밀스러운 이야기들을 간직한 채, 역사책 속에 묻힌 경문
왕. 이제 본격적으로 경문왕에 얽힌 설화들을 하나씩 풀어가고자 한다.
설화와 역사적 기록을 오가며 우리는 인간 경문왕은 물론이고
신라 하대의 마지막 개혁의 실체에 **접근하게 될 것이다.**

'옛날 옛날 한 옛날에……'

으레 이런 문장으로 시작했던 옛날 동화책들은 어딘지 모르게 비슷했다. 선 굵고 또렷한 글씨와 색색의 삽화들, 묘하게 누렇고 두터운 종이를 쓴 책은 어린아이가 들고 다니기에는 조금 묵직한 느낌이었다. 이제는 기억마저도 희미해진 어린 시절의 어느 날, 햇빛 내리쬐는 창가에 앉아 집어들었던 동화책의 처음도 그와 같았다. 제목은 아마도, '임금님 귀는 당나귀 귀'였을 것이다.

옛날, 임금님이 살았다. 그런데 언제부터였을까, 임금님 귀가 갑자기 커지더니 마치 당나귀 귀 같아져버렸다. 그 사실은 왕비님도 신하들도 몰랐지만, 오직 임금님의 두건을 만드는 복두장이만이 알고 있었다.

그는 임금님의 비밀을 누구에게도 말하지 못했다. 하지만, 죽을 날이 얼마 남지 않게 되자 복두장이는 그동안 감추고 살았던 비밀을 홀로 도림사(道林寺) 대나무 숲에 가서 외쳤다.

"임금님 귀는 당나귀 귀!"

마음껏 외친 뒤, 복두장이는 집으로 돌아와 편안하게 세상을 떠났다. 그런데, 그 이후 바람이 불어 대나무들이 부딪힐 때마다 계속해서 소리가 들리기 시작했다.

"임금님 귀는 당나귀 귀, 당나귀 귀!"

대나무 숲에서 이상한 소리가 들린다는 소문을 들은 임금님은 크게 화를 내며 명령을 내려 대나무를 모두 베어버리고 산수유를 심게 했다. 하지만 산수유가 크게 자라, 바람이 불어 가지를 흔들면 여전히 외치는 목소리가 들렸다.

"임금님 귀는 길기도 하다!"

어린 시절 이 동화를 읽으면서 무엇을 어떻게 생각했는지 이제는 기억나지 않는다. 이미 너무 먼 옛날의 일이 되었다.

시간이 지나고 조금 더 철이 든 뒤, 이제는 동화책이 아니라 《삼국사기》나 《삼국유사》, 그리고 또 다른 역사책들에서 예전에 읽었던 내용을 다시 한번, 그리고 좀 더 자세히 읽고 알게 되었다. 동화가 아닌, 지금으로부터 천 년도 전에 살았던 신라 경문왕의 이야기를……

당나귀 귀처럼 크고 길어진 임금님의 귀 이야기는 비단 우리나라에만 있는 것은 아니다. 그리스 신화에 등장하는 프리지아의 미다스(Midas)왕은 닿는 물건마다 황금으로 바꾸었다는 황금의 손으로도 유명하지만 그와 다른 또 한 가지 이야기가 전한다.

어느 날인가, 음악의 신 아폴로(Apollo)와 목동의 신 판(Pan)이 악기 연주 시합을 가졌다. 하지만, 명색이 음악의 신인 아폴로에게 판이 상대가 될 리 없었다. 심판은 바로 아폴로의 승리를 인정했고 그 자리에 있던 모든 이들이 그걸 긍정했지만, 판의 열렬한 추종자였던 미다스왕만은 불공정한 판결이라며 심판에게 끈덕지게 항의했다. 마침내, 그걸 괘씸하게 여긴 아폴로가 그의 귀를 잡아 당겨 우스꽝스러운 당나귀 귀로 만들어버렸다. 이미 아폴로는 음악으로 자신에게 도전했던 인간 마르시아스(Marsyas)의 가죽을 산 채로 벗긴 경력도 있었으니 그래도 그 정도면 굉장히 너그러운 처사라고 할 수 있다.

어쨌든, 그 다음에 이어지는 내용도 '어디선가 들어본 듯한' 느낌이다. 하루아침에 큼지막해진 귀를 감추기 위해 미다스왕은 줄곧 보라색 모자를 쓰고 다녔고, 그런 비밀을 아는 것은 왕의 이발사뿐이었다. 신라의 경문왕에게 복두징이기 있었다면, 미다스왕에게는 이발사가 있던 셈이다. 그리고 당연하게도 이 이발사 역시 미다스왕의 귀가 당나귀 귀라는 사실을 아무에게도 말하지 못했다. 하지만 시간이 흐르자, 이발사는 입이 근질근질해져서 더 이상 견딜 수 없어졌고, 병까지 생겨버렸다. 마침내 이발사는 땅에 구덩이를 파고, 그곳에 왕의 귀에 대한 비밀을 속시원히 털어놓은 뒤 흙을 덮었다. 그 정도라면 아무도 듣지 못할 것이라고 생각한 그는 이제 마음의 짐을 덜고 홀가분해졌다. 그런데 문제가 생겼다. 이발사가 비밀을 파묻었던 바로 그곳에 갈대들이 쑥쑥 돋아나더니, 어느새 사람 키만큼 자랐다. 그 뒤 남풍이 불어올 때마다, 갈대들은 제 몸을 흔들면서 왕의 커다란 귀에 대한 이야기를 속삭였고, 마침내 나라 안의 모든 사람들이 미다스 왕의 비밀을 알게 되었다.

이야기는 여기에서 끝난다. 두건과 모자, 대나무와 갈대의 차이만 있을 뿐이지 큰 틀에서 보면 미다스왕 이야기는 경문왕 이야기와 거의 같다. 하지만, 경문왕 이야기에 비해 미다스왕의 귀가 길어진 이유가 좀 더 자세하다. 그래서 더 꾸며낸 이야기 같이 느껴진다. 하지만 두 이야기 모두 믿을 수 없는 것 투성이인 옛날이야기인 것은 사실이다. 갑자기 사람 귀가 커진다는 일이 있을 리 만무하며, 대나무 숲에서 사람 목소리가 날 리도 없다.

이제는 가만히 머릿속으로 상상해보자. 나라 안에서 가장 높은 사람이자, 감히 누구도 거스르지 못하고 무서워하는 임금님. 그런데 그런 임금님의 귀가 갑자기 당나귀 귀처럼 꼴사납게 길고 커졌다. 임금님은 부끄러워 그것을 숨기기 위해 두건을 썼고, 그걸 아는 사람에게 비밀을 지키도록 엄히 명령했다. 하지만 언제부터인가, 숲에서부터 비밀스러운 이야기들이 나돌기 시작했다. 화가 머리끝까지 오른 임금님의 명령으로 숲은 깡그리 베어졌지만, 새로 심은 나무들도 같은 이야기를 수군댄다. 결국 어떻게 하더라도 소문이 퍼지는 것을 막을 수 없었다. 당나귀 귀에 대한 소문을 사람들이 수군댈 때마다, 큰 바람이 불어올 때마다, 임금님의 커다란 귀는 움찔거렸을 것이다. 언제 벗겨질지 모르는 두건 속에 숨겨진 채로.

여기서 분명한 사실은 동서양을 막론하고, 왕의 귀가 커진 사실이 남에게 보이지 않게끔 숨겨야 하는 굉장히 부끄러운 일이었다는 것이다. 하지만 결국은 온 나라 사람들이 알게 된다. 경문왕 이야기나 그리스 신화나 후일담이 전하진 않지만, 나중에 어떻게 되었을지 상상이 가지 않는가. 발 없는 말이 천리를 간다고, 숲에서 들려오는 '임금님 귀는 당나귀 귀'라는 소문은 사람들의 입에서 입으로 전해져 나라 안에 금방 퍼졌을 것이다. 그렇다면 왕비에서부터 백성들에 이르기까지 모두 평소엔 감히 올려다볼 수도 없던 임금의 신성한 용안을 흘끔흘끔 훔쳐보지 않았을까. 혹시나 두건, 아니면 모자 밑으로 묘하게 불쑥 튀어나온 부분을 발견한다면, 그 아래에 털이 부숭부숭하게 나고 쫑긋 솟아난 귀가 숨겨져 있지 않을까 해서 사람들은 저마다 소곤대며 킬킬거렸을지 모른다. 마침내 한 나라에서 가장 높은 사람이던 임금님이 온 나라의 웃음거리가 되어버렸다. '세상에서 가장 아름답지만 눈에 보이지 않는 옷'을 만들었다는 사기꾼에게 속아서 벌거벗은 채 길을 나섰다가 꼬마 아이에게 망신을 당했던 또 다른 이야기 속 임금님처럼 말이다.

그래도 경문왕은 신화나 동화 속 인물이 아니라 엄연히 우리 역사 속 인물이 아닌가. 그래서 정말로 어떻게 됐을까? 《삼국유사》에는 당나귀 귀 이야기의 결말이 없다. 아니, 엄밀히 말하자면 새로 심은 산수유 숲에서 또다시 목소리가 들렸다는 이야기로 끝나지만 그것만으로는 무언가가 부족하다. 경문왕의 당나귀 귀는 그대로 줄어들거나 늘어나는 일 없이 여전하였을까? 복두장이는 어떻게 됐으며 산수유 나무의 운명은 어땠을까. 비슷한 이야기이지만 몸 한 구석이 유별났다던 지증왕도 긴 탐문 끝에 결국 천생배필을 만나 결혼하게 되었다는 뒷얘기까지 전하는데, 그 대나무 혹은 산수유 숲은 아직도 어딘가에 남아 바람이 불 때마다 임금님 귀의 비밀을 속삭이고 있지나 않을지.

아직 이야기할 것들이 한참 남았는데 마치 보이지 않는 누군가의 손이 성급하게 책을 덮어버린 것처럼, 아니면 일부러 끝낸 것처럼 이야기는 부자연스럽게 끝났다. 하지만 이 이야기가 그냥 동화였다면 이렇게 흐지부지 끝날 리가 없다. 행복하게 잘 살았다거나 이상한 불치병이 씻은 듯이 나아야 할 테니까 말이다. 그렇지만 경문왕 이야기는 그렇게 끝나지 않았다.

다시 책꽂이의 《삼국유사》를 펼쳐본다. 차례를 보니 〈기이편(紀異篇)〉에서 원하던 것을 금방 찾을 수 있었다. 신라 제48대 경문대왕(第四十八代 景文大王). 같은 《삼국유사》라도 신라의 다른 왕들에게는 임금 왕(王) 자만 쓴 데 반해, 클 대(大)자가 들어간 게 유난히 눈에 들어왔다. 동화책 속에 당나귀 귀의 주인공으로 나왔던 임금님은 이처럼 엄연히 역사에 존재했던 사람으로 《삼국유사》의 한 부분을 차지하고 있었다.

한반도의 남동쪽 구석에서 일어나, 마침내 고구려와 백제를 멸망시키고 우리나라 역사상 최초로 통일을 일구어낸 신라. 그 나라가 세워지고 무너지기까지 근 천 년 동안 56명이나 되는 왕들이 있었다. 그중에서도 특히 삼국통일의 기틀을 닦은 태종무열왕, 동해 바다의 용이 되었다는 문무왕, 그리고 설총에게 '화왕계'로 깨우침을 받았던 신무왕 등이 유명하다. 역사에 좀 더 관심이 있다면, 용왕의 아들 처용을 만났다는 헌강왕이나 신라를 망쳤다고 악명이 자자한 진성여왕, 신라의 마지막 왕인 경순왕까지 기억해낼지도 모른다. 하지만 정작 경문왕이라고 하면 아는 사람이 별로 많지 않을 것 같다. 경문왕(재위 861~875)은 33세의 젊은 나이로 죽을 때까지 15년 동안 신라를 통치했다. 그가 다스리던 시기는 통일신라가 이미 절정기를 넘긴 뒤, 찬란했던 지난날의 영광은 빛이 바래고 멸망의 기미가 여기저기 흉한 모습을 드러내고 있을 즈음이었다. 이른바 신라는 하대(37대 선덕왕~56대 경순왕, 780~935)에 접어들어 있었는데, 그는 결코 평온하지 못한 시기에 즉위한 것이다.

경문왕 시대를 기록한 사서를 비교해보면, 편년체로 딱딱하게 기술된 《삼국사기》에 비해 《삼국유사》는 실화를 통해 좀 더 재미있고 부드럽게 그 시절의 이야기를 전해준다.

경문왕에 대해서는 세 가지 이야기가 있다. 제일 처음의 이야기는 경문왕이 어떻게 왕이 되었느냐에 대한 것이다. 보통의 경우와 달리, 경문왕은 왕의 아들이 아니라 사위였지만 왕으로 즉위했다. 또 하나는 뱀에 대한 이야기이다. 경문왕이 잠을 잘 때 그의 침상에는 이상하게도 뱀이 여러 마리 모여들어 왕과 함께 잠을 잤다는 이야기가 있다. 왕의 귀가 당나귀 귀였다는 이야기는 앞에서 이미 말해두었으니 다시 말할 게 없다. 한 사람이 이렇게 여러 개의 설화와 함께 엮이는 일은 참 드물다. 과연, 경문왕은 어떤 왕이었길래 당나귀 귀를 갖게 되었으며 주변에 뱀들이 모여들었을까. 이것은 그저 단순히 꾸며낸 이야기에 지나지 않는 것일까?

좀 더 역사서들을 뒤져서 신라 왕실의 가계도*를 재구성해보면 뜻밖의 사실과 마주친다. 경문왕의 슬하에는 아들 셋과 딸 하나가 있었는데, 그중 세 사람이 왕이 되었다. 헌강왕(재위 875~886)과 정강왕(재위 886~887), 그리고 신라의 세 여왕 중 마지막을 장식한 진성여왕(재위 887~897)이다. 오누이 간에 왕위를 주고받은 것인데, 바로 그 얼마 전까

신라 왕실의 가계도 *

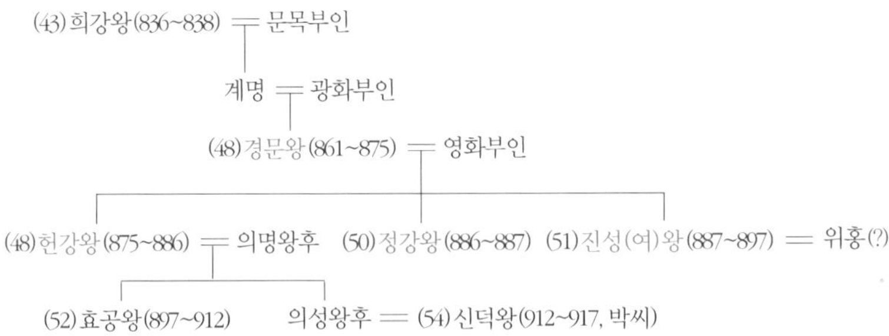

지만 해도 끊임없이 왕위쟁탈전이 일어나서 왕 자리가 어지럽게 자주 바뀌었던 것과는 매우 대조적이다. 왕의 두 아들은 그렇다손 치더라도, 어떻게 딸에게까지 왕위를 물려주게 됐을까.

과거에 선덕여왕이 왕위에 오르자 당나라에서는 신라 사신에게 "너희 나라에는 그렇게 남자가 없느냐? 우리 황족 가운데 한 명을 보내 대신 왕으로 삼으면 안 될까"라고 신라를 얕잡아보았고 여왕 말년에는 반란까지 일어나지 않았던가?

이런 의문에 답하기 위해 경문왕이 즉위하기 직전에 있었던 일을 돌아보자. 《삼국사기》의 기록을 보면 861년 봄, 47대 헌안왕은 병에 걸려 죽음을 눈앞에 두고 있었다. 병든 왕은 자신의 두 딸 대신 사위였던 응렴(경문왕의 이름)에게 왕위를 물려줄 뜻을 밝히면서, 신하들에게 말했다.

"우리나라의 옛일에 비록 선덕(善德)과 진덕(眞德) 두 여자 임금이 있었으나, ……본받을 일이 못된다." 그 말대로, 신라 왕실에서는 딸이라고 왕이 되지 못할 이유는 없었다. 그런데 어째서 헌안왕은 여왕을 세우려 하지 않았는가? "암탉이 새벽을 알리는 것이나 다름없다." 이것이 헌안왕 나름의 설명이었다.

'암탉이 울면 집안이 망한다'는 말은 중국의 고전인 《서경》에 나올 만큼 오래된 이야기인데 우리나라에서도 이미 신라 때부터 널리 알려져 있던 모양이다. 그런데 헌안왕의 유언이 있은 지 겨우 26년이 지난 887년에는 사정이 달라진다. 죽음을 앞둔 정강왕은 여동생인 만(蔓)에게 왕위를 전해주면서 이렇게 말했다. "마땅히 선덕과 진덕의 옛일을 본받아 그녀를 왕위에 세우는 것이 좋겠다." 그리고 정말 그 말대로 되었다. 어째서 이렇게 상반된 상황이 일어난 걸까? 여러 가지 이유를 짐작해볼 수 있다. 우선 진성여왕 자신이 정강왕의 말처럼 "천성이 총명하고 민첩하며 뼈대는 남자와 비슷한" 뛰어난 왕재였기 때문일 수가 있다. 다른 한편으로, 왕실에 이렇다 할 후계자가 없는 형편이라 어쩔 수 없는 고육책이었을 수도 있다. 그러나 과연 그것뿐일까. 그들이 바로 '경문왕의 자식'이었기 때문이 아닌가 추측해본다. 경문왕에게는 《삼국유사》에 '대왕'이라고 불릴 만한 제왕으로서 카리스마가 있었기에, 그의 핏줄이라면 설사 딸이라 해도 왕이 될 수 있던 것이었을까.

이 점을 조금 더 깊이 생각해보기 위해, 또 다른 갈래의 전설, 혹은 소문을 살펴볼 필요도 있겠다. 훗날 신라에 반기를 들고 후고구려를 세워, 마침내 고려 건국의 연결 고리가 된 궁예가 경문왕의 서자였다는 전설이 있다. 야사의 비중이 높은 《삼국유사》라면 혹 모를까, 정사인 《삼국사기》에 이 이야기가 적혀 있으니 뜻밖의 일이긴 하다. 그렇다면 이 이야기는 당시에도 '소문 아닌 소문'이었으리라. 《삼국사기》에는 궁예가 경문왕에게 왕위를 물려준 헌안왕의 자식이라는 소문도 있다고 적었지만, 여러 가지 정황을 자세히 따져본다면 경문왕 쪽이 좀 더 그럴싸하다. 궁예의 출생연도는 잘 알 수 없지만, 반란을 일으켰던 진성여왕 당시 그의 나이가 아직 한창이었을 테니 경문왕의 '자식'들과 비슷한 연배일 것 같다.

궁예가 경문왕의 아들이라는 소문이 과연 맞는지 어떤지 사실 여부를 검증하는 것은 여기서 다루긴 어렵지만 신라에게 큰 위협이 되었던 후고구려를 세운 이가 경문왕의 아들이라는 소문이 돌았다는 것은, 그만큼 경문왕이 중요한 인물이었다는 뜻이 아닐까?

여러 가지 비밀스러운 이야기들을 간직한 채, 역사책 속에 묻힌 경문왕. 이제 본격적으로 경문왕에 얽힌 설화들을 하나씩 풀어가고자 한다. 설화와 역사적 기록을 오가며 우리는 인간 경문왕은 물론이고 신라 하대의 마지막 개혁의 실체에 접근하게 될 것이다. 어쩌면 우리 자신의 모습과 만나게 될지도 모르겠다.

1. 야심만만 화랑 청년, 왕의 사위가 되다

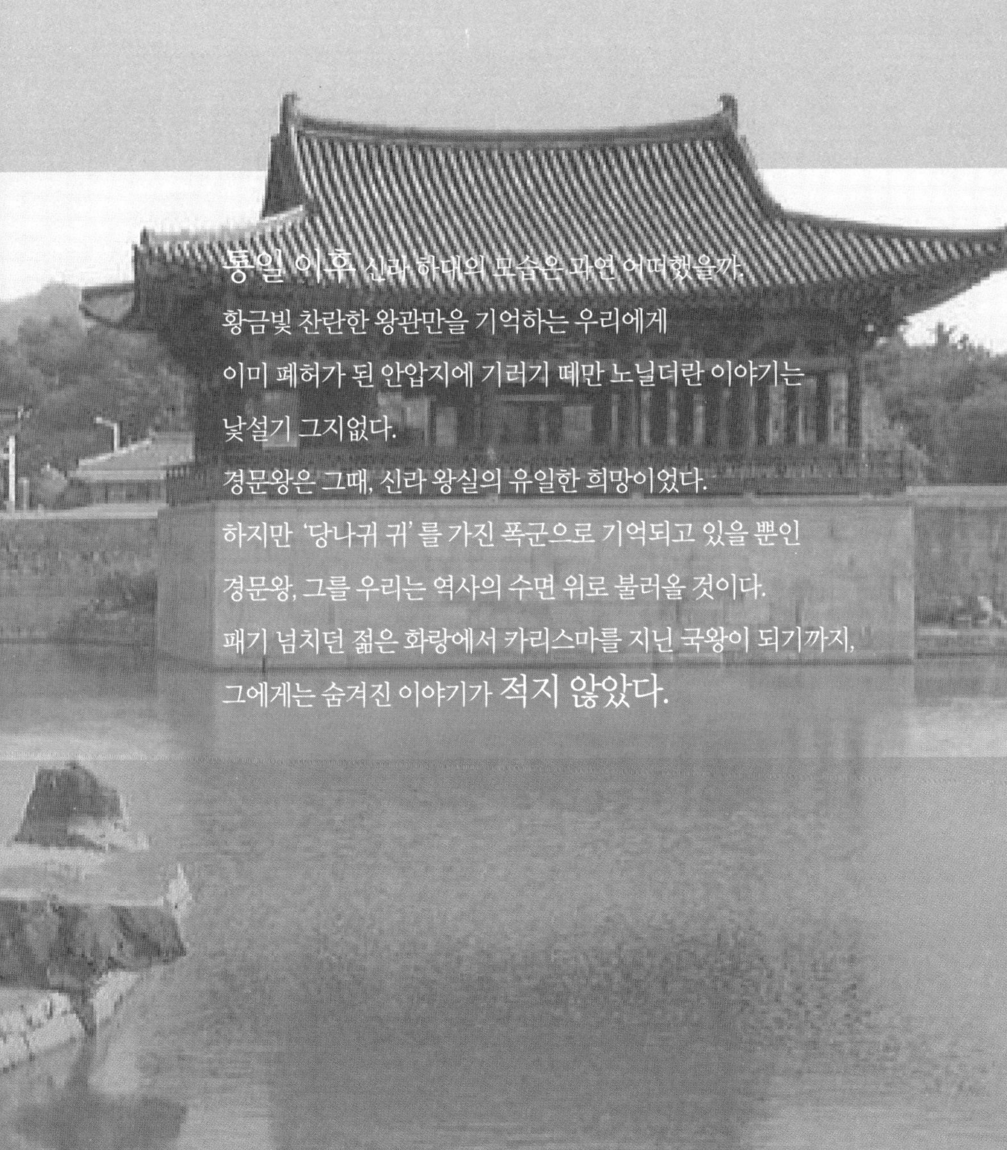

통일 이후 신라 하대의 모습은 과연 어떠했을까.
황금빛 찬란한 왕관만을 기억하는 우리에게
이미 폐허가 된 안압지에 기러기 떼만 노닐더란 이야기는
낯설기 그지없다.
경문왕은 그때, 신라 왕실의 유일한 희망이었다.
하지만 '당나귀 귀'를 가진 폭군으로 기억되고 있을 뿐인
경문왕, 그를 우리는 역사의 수면 위로 불러올 것이다.
패기 넘치던 젊은 화랑에서 카리스마를 지닌 국왕이 되기까지,
그에게는 숨겨진 이야기가 적지 않았다.

四年 秋九月 王會羣 臣於臨海殿 王族膺廉年十五歲 預坐焉 王欲觀其志 忽
問曰 "汝游學有日矣 得無見善人者乎" 答曰 "臣嘗見三人 竊以爲有善行也"
王曰 "何如" 曰 "一高門子弟 其與人也 不自先而處於下 一家富於財 可以
侈衣服 而常以麻紵自喜 一有勢榮 而未嘗以其勢加人 臣所見如此" 王聞之
默然 與王后耳語曰 "朕閱人多矣 無如膺廉者" 意以女妻之 顧謂膺廉曰
"願郎自愛 朕有息女 使之薦枕" 更置酒同飮 從容言曰 "吾有二女 兄今年
二十歲 弟十九歲 惟郎所娶" 膺廉辭不獲起拜謝 便歸家告父母 父母言 "聞
王二女容色 兄不如弟 若不得已 宜娶其弟" 然尙疑未決 乃問興輪寺僧 僧
曰 "娶兄則有三益 弟則反是有三損" 膺廉乃奏 "臣不敢自決 惟王命是從"
於是 王長女出降焉

―《삼국사기》 권11, 〈신라본기〉 11, 헌안왕 4년

　　헌안왕 4년 가을에 왕이 임해전에서 신하들을 모아 연회를 베풀었는데, 왕족 응렴(膺廉)이 15세 나이로 그 자리에 참석하였다. 왕이 그의 뜻을 알아보고자 물었다. "너는 한동안 돌아다니면서 공부했는데, 선한 사람을 본 일이 없는가?" "신은 일찍이 세 사람을 보았는데, 착한 행실이 있다고 생각됩니다." 왕이 "어떤 것인가?" 하니 말하기를, "한 사람은 귀한 집 자제이면서 남과 사귐에 있어서는 자기를 먼저 하지 않고 남의 아래에 처하였으며, 또 한 사람은 집에 재물이 넉넉하여 사치스러운 옷을 입을 수 있는데도 항상 삼베와 모시옷으로 스스로 즐거워했습니다. 그리고 한 사람은 권세와 영화를 누리고 있었으나 한번도 다른 사람에게 위세를 부리지 않았습니다. 제가 본 것은 이와 같습니다." 이에 왕이 왕비에게 귀엣말로 말하기를 "짐이 많은 사람을 보았지만 응렴 같은 사람은 없었다." "바라건대 그대는 자중자애 하라. 나에게 딸이 있는데 그로 하여금 잠자리를 모시게 하겠다." 다시 술자리를 베풀고 같이 마시다가 조용히 말하였다. "내게는 두 딸이 있는데 언니는 지금 20세이고 동생은 19세이다. 오직 그대가 장가들고자 싶은 대로 하라!" 응렴이 사양했으나 어쩔 수 없어 일어나 절하여 감사하고는 집에 돌아와 부모에게 고했다. 부모가 말하였다. "듣건대 왕의 두 딸의 용모는 언니가 동생만 못하다고 한다. 마땅히 그 동생에게 장가드는 것이 좋겠다." 그러나 여전히 주저하며 결정치 못했다. 그래서 흥륜사(興輪寺) 승려에게 물으니, 승려가 말하였다. "언니에게 장가들면 유익한 것이 세 가지 있고, 동생에게 장가들면 반대로 손해되는 것이 세 가지 있습니다." 응렴은 이에 아뢰었다. "저는 감히 스스로 결정할 수가 없습니다. 오직 왕께서 명하시는 대로 따르겠습니다." 이에 왕은 맏딸을 시집보냈다.

헌안왕의 고민

어느새, 창문 밖이 훤해져 있었다. 그새 하룻밤이 지나간 걸까. 신라 47대 임금 헌안왕은 묵직한 눈꺼풀을 비비며 한숨을 쉬었다. 그토록 오래 고민을 했건만, 문제는 어렵고 어려울 뿐, 적당한 해결책이 떠오르지 않았다. 사실 헌안왕이 아무리 고민한다 한들 어쩔 수도 없는 일이었다.

668년, 고구려의 멸망과 함께 고구려, 백제, 신라 삼국은 통일되었다. 그리고 이후 신라마저 지배하려던 당나라도 물러나고, 신라는 명실공히 한반도를 장악하게 된다. 신라의 왕권도 중고기(中古期)*에 비해 훨씬 강화되었다. 그리고 신라의 국보인 만파식적**을 얻는 등 찬란한 위상

중고기(中古期) • 《삼국유사》가 특별히 '중고(中古)' 라고 이름붙인 시기. 법흥왕 때부터 진덕여왕 때인 514년~654년의 약 140년을 가리킨다.

을 보여주었다. 하지만 시간이 흐르면서 신라 내부의 갈등은 점차 커져가기 시작했다. 진골귀족들의 위세는 왕에 맞설 정도로 강력해졌고, 반면에 왕은 귀족들을 견제하고 왕권을 확고히 하기 위해서 분주하게 움직였다. 그런데 780년, 36대 혜공왕(재위 765~780)이 진골귀족들에 의해 피살되어 신라 중대가 끝이 나고, 내물왕의 후손이었던 선덕왕(재위 780~785)이 즉위했지만 진골귀족들끼리 왕위쟁탈전이 끊임없이 이어졌다. 계속해서 귀족들의 반란이 일어났고, 가까스로 진압했다고 해도 곧 다음 반란이 꼬리를 물고 이어졌다. 심지어 헌덕왕 때는 김헌창과 김범문 부자처럼 대를 이어 반란을 일으킨 경우도 있었다.

나라가 이 지경이니 왕 노릇하기가 쉬울 리 없다. 나라 꼴도 엉망이라, 헌안왕이 다스리는 동안만 하더라도 끊임없이 흉년이 들어 몇 번이나 구휼 정책을 펴야 했다.

만파식적 •• 《삼국유사》에 의하면 31대 신문왕이 아버지 문무왕을 위해 동해변에 감은사를 지어 추모하였는데, 죽어서 해룡(海龍)이 된 문무왕과 천신(天神)이 된 김유신이 합심하여 용을 시켜 동해(東海) 중의 한 섬에 대나무를 보냈다. 이 대나무는 낮이면 갈라져 둘이 되고, 밤이면 합하여 하나가 되는지라 왕이 이 기이한 소식을 듣고 직접 보러 왔다. 이때 나타난 용에게 왕이 대나무의 이치를 물으니, 용은 "비유하건대 한 손으로는 어느 소리도 낼 수 없지만 두 손이 마주치면 능히 소리가 나는지라, 이 대도 역시 합한 후에야 소리가 나는 것이요…… 또한 대왕은 이 성음(聲音)의 이치로 천하의 보배가 될 것이다……"라고 예언하고 사라졌다. 왕은 곧 이 대나무를 베어서 피리를 만들어 부니, 나라의 모든 걱정·근심이 해결되었다 한다. 그래서 이 피리를 국보로 삼았는데, 효소왕 때 분실하였다가 다시 찾게 된 후 이름을 만만파파식적(萬萬波波息笛)이라 고쳤다고 한다. 대금의 기원을 이 만파식적에 두는 사람도 있으나, 이미 이전에 삼죽(三竹)이 있었음이 밝혀졌다.

그러나, 그보다 더 큰 문제는 헌안왕에겐 신라라는 나라를 물려줄 후계자가 없다는 사실이었다. 왕비와의 사이에 딸 둘이 있을 뿐인데 이제 왕비나 왕 모두 새로 자식을 보기에는 나이가 너무 들어버렸다. 처음 부부의 연을 맺었을 때 흑단처럼 검었던 왕비의 머리카락은 흰머리가 반 넘게 섞여 있었고, 왕도 마찬가지였다. 젊었을 때 몇날 며칠 밤을 새워도 끄떡없던 몸은 이제 초가을 서늘한 바람에도 뼈마디가 으슬거리고 불편한데다 식은땀마저 흘리곤 했다. 헌안왕은 근래 들어 급속히 자신의 몸이 나빠지는 것을 느꼈다. 살날이 얼마 남지 않은지도 모른다.

물론 정 어쩔 수 없으면, 두 공주 중 한 명에게 왕위를 물려줄 수도 있었다. 전통적으로 신라에서 여자가 절대로 왕이 될 수 없었던 것은 아니었으니 말이다. 이미 선덕, 진덕이라는 두 여왕이 있었고, 가까운 과거 중국에서는 측천무후가 당당히 황제를 칭했으며, 바다 건너 일본에도 스이코(推古)천황, 교고쿠(皇極)천황 등 여자이면서 천황이 된 사례가 여덟이나 있었다. 그렇지만 반드시 좋은 결정이라 하기도 어려웠다. 선덕여왕 말년에는 여왕을 얕잡아보고 염종과 비담이 난을 일으켰다. 더군다나 헌안왕이 다스리던 당시는 신라라는 나라 전체를 집어삼킨 왕위쟁탈전의 소용돌이가 간신히 멎은 지 그리 오래 되지도 않은 때였다. 태평성대였어도 어려울 텐데, 이처럼 폭풍이 몰아치고 난 뒤 여왕이 즉위한다면 왕위를 노리는 귀족들이 만만히 보고 반란을 일으킬지도 몰랐다. 그렇게 되면 가까스로 안정을 되찾고 있던 신라가 다시 한번 뒤흔들릴

게 자명했다.

헌안왕이 침전을 나서자, 궁궐의 안뜰에는 곱게 차려 입은 궁녀들 몇 몇이 모여 도란도란 이야기를 나누고 있었다. 왕이 행차에 나선 것을 알아차린 그들은 곧 일렬로 나란히 서서 깊이 허리를 숙여 인사했다. 제일 앞에 서 있는 사람이 바로 헌안왕의 첫째 공주였다.

"그래, 지난밤엔 별일 없이 잘 잤느냐?"

첫째 공주는 대답 없이 머리를 꾸벅 숙였다. 그를 지켜보는 헌안왕의 표정이 슬머시 흐려졌다. 첫째 공주를 볼 때마다 못내 가슴이 아팠다. 이제 시집갈 나이가 꽉 찬 스물이건만, 아직 적당한 혼처를 구하지 못하고 있었다. 부모의 눈에는 결코 모자라거나 못한 데라곤 없는 딸자식이었지만, 문제는 동생인 둘째가 유난히 아름답다는 것이었다. 첫째와 둘째는 고작 한 살 터울이어서 언니·동생을 구분할 것도 없었고, 젖도 같이 먹고 자랐다. 그런데 어렸을 때도 귀여웠지만 나이가 들면서 점점 더 예뻐진 둘째 공주는 이제 금성의 어떤 규수에게도 지지 않을 만큼 아름다웠다. 하지만, 그렇게 되니 불쌍해진 것은 첫째 딸이었다.

헌안왕이 즉위하고, 잠저(潛邸)에서 살던 딸들이 왕궁에 들어온 이후로 소문은 더 크게 불어나서, 둘째 공주는 하늘에서 내려온 선녀처럼 예쁘지만 첫째 공주는 아주 못생겼다는 소문마저 돌았다. 그런 이야기가 흘러흘러 궁궐의 높은 담벼락을 넘어 들어와 아버지인 왕의 귀에도 들릴 지경이었다. 드디어 본인의 귀에도 들어갔는지, 근래 부쩍 웃음이 줄어든 첫째 공주를 보는 것도 아버지로선 가슴 아픈 일이었다. 자식이 귀

엽지 않은 부모란 없다. 아니, 본래 나은 자식보다도 못한 자식에게 좀 더 마음과 손이 더 가게 되는 것이 부모의 마음인 법이다.

가을이 한층 더 깊어진 듯한 궁전의 뜰을 가로지르는 동안, 헌안왕의 마음은 점차 무거워졌다. 다시금 나라의 앞길이 걱정된 탓이다. 시조 박혁거세 이후, 헌안왕 자신에 이르기까지 조상들이 애써 일구어낸 신라의 대통이 위태로워지고 있었다. 만약 자신의 대에서 나라를 그르치게 된다면, 죽은 뒤에라도 윗분 조상님들을 뵐 면목이 없어지게 된다.

하지만 진골귀족들은 저마다 왕이 되어보고자 하는 야심만 가득할 뿐, 진정으로 나라의 앞길을 걱정하는 사람은 없었다. 만약 어쩔 수 없이 그들 중 누군가에게 왕위를 물려준다면 딸들은 어떻게 될까. 누가 아비 잃은, 가엾은 저들을 돌봐주고 보살펴줄 것인가. 당장 끈 떨어진 연 신세가 되어 후원의 뒷방에 갇혀 쓸쓸한 생애를 보내게 될지도 모른다. 혹은 아예 죽임당할 수도 있겠지. 그런 일만은 막고 싶었지만, 지금은 아버지로서도, 왕으로서도 어떤 결정도 내리기 어려운 상황이었다. "어떻게든 좋은 방법이 없을까……" 그렇지만 아무리 걱정해도 해답은 나오지 않았다. 헌안왕은 길게 한숨을 내쉬었다.

연회에서 만난 사윗감

《삼국사기》의 기록은 다음과 같이 이어진다.

헌안왕 4년(860) 가을 9월, 왕은 임해전에서 연회를 열었다.

임해전은 지금의 안압지(雁鴨池)이다. 현재는 경주시 외곽 인왕동에 자리하고 있는데, 그 이름대로 커다란 연못 몇 개가 연달아 있고 근래 지어진 기와를 얹은 큰 정자 한두어 채가 덩그러니 남아 있을 뿐이다. 원래의 임해전은 없어졌지만, 일찌기 문무왕이 세웠다고 전해진다. 이곳의 본디 이름은 월지(月池)였다. 달연못이라는 뜻이니 꽤 운치있는 이름이다. 하지만, 여기 달연못도 몰락해가는 신라와 그 운명을 같이했기에 신라가 망하자 돌보는 이 없이 버려진 채 폐허가 되어버리고, 마침내는 오리와 기러기 떼만 그득해졌던가보다. 안압지라는 이름은 바로 그런 모

금동 초심지 가위

나무 주사위

금동 봉황장식

납석 향로뚜껑

674년 문무왕 때 조성한 연못으로 그 화려함이 용궁과
같다는 찬사를 받았던 안압지.
열다섯의 화랑 응렴은 이곳에서 열린 연회에서
헌안왕에게 사위로 낙점받았다.
화려함과 흥성스러움이 돋보이는 연회 석상에서
젊디젊은 응렴은 어떤 생각을 했을까.
훗날 그가 펼친 개혁정치를 떠올린다면
이때부터 그는 이미 신라를 다스리겠다는
야심을 가슴 속에 뜨겁게 품고 있었을 것이다.

습을 보고 조선시대 묵객들이 붙인 이름이라고 한다.

《삼국사기》에 보면 신라 마지막 왕인 경순왕이 고려 태조 왕건을 초대하여 이곳에서 연회를 베풀었다는 기록이 있는데, 이것을 마지막으로 임해전과 월지는 역사의 뒤안길로 사라졌다. 하지만, 1975년부터 1976년까지 2년 동안 문화재연구소에서 발굴한 결과는 옛 임해전의 전모를 어렴풋이나마 짐작할 수 있게 해준다. 발굴을 통해 복원된 임해전의 규모는 남북으로 280미터, 동서로는 200미터이고, 세워졌던 건물은 모두 13동이며 회랑은 156간이나 되었다. 안압지의 진흙뻘 밑에서 통째로 발굴된 신라시대 나룻배를 포함해 쏟아져 나온 3만여 점의 유물들은 현재 경주박물관과 안압지 소재 박물관에 분산 보관되고 있다.

예전 안압지의 모습은 연못 가운데 사람의 손을 빌어 세 개의 섬을 만들고, 북쪽과 동쪽에는 무산(巫山)의 열두 개 봉우리를 쌓았다고 추정된다. 물론 이렇게 만든 것은 외관상 아름다움만을 생각했기 때문은 아니다. 동양의 정원들은 흔히 상상 속의 신선 세계를 재현하여 만들어지는데, 연못 한가운데 섬을 만드는 것도 중요한 조건 중의 하나이다. 이런 섬은 바다에서 가져온 돌로 만드는데, 신선들이 사는 곳인 봉래가 바다 한가운데에 있는 섬이라는 믿음에서 기인한 것이다. 이런 연못 안의 섬은 창덕궁의 부용지나 다산초당 같은 정원들에도 빠짐없이 갖춰져 있다.

삼국통일을 이룩한 문무왕은 국력을 자랑하고 위세를 떨치기 위해 이처럼 대규모의 정원인 임해전을 만들었으리라. 그래서일까? 신라뿐만 아니라 고구려나 백제식의 양식도 여러 곳에서 찾아볼 수 있다. 어떻게 보면 임해전은 삼국통일의 업적 그 자체를 형상화한 것이라고도 말할 수 있다.

하지만 임해전은 단순히 정원만은 아니었다. 이곳은 나라에 경사스런 일이 있을 때나 귀한 손님들이 왔을 때, 군신들의 연회 또는 회의장소 및 귀빈의 접대장소로 이용되기도 했다. 그리고 여기엔 동궁, 즉 세자가 거처하는 건물도 마련되어 있었다. 한 나라를 이어받을 후계자가 머무는 곳이 있었으니 신라에서 임해전은 굉장히 중요한 장소였던 셈이다.

다시 한번 헌안왕 4년, 860년 9월의 그때로 돌아가보자. 그날 마침 궁성에서 연회가 열렸다. 어떤 이유로 열린 연회인지는 알 수 없지만, 주최자는 헌안왕이었고 나라 안의 많은 귀족들이 모였다. 헌안왕은 모여든 사람들을 찬찬히 둘러보았다. 나란히 앉은 중신들 틈에 어쩐지 낯이 익은 젊은 사람이 눈에 띄었다. 잘 차려 입은 옷차림으로 보아하니 화랑이리라. 앉아 있는 모습이나 조심스러운 표정이 요즘 젊은이답지 않게 무게 있어 보였다. 호기심이 동한 헌안왕은 부드러운 목소리로 화랑에게 말을 건넸다.

"그대 이름이 무엇인가?"

젊은 화랑은 머리를 조아리며 말했다.

"응렴*이라 하옵니다."

딱딱하게 굳은 목소리. 아무래도 이런 자리에는 처음 나온 것일까, 바짝 긴장한 기색이 역력했다.

“응렴이라고? 그렇다면 시중(侍中, 본래는 중시(中侍)였다가 747년(경덕왕 6)에 시중으로 바꾸었다. 집사부(執事部)의 장관직으로 지금의 수상과 비슷하다) 계명의 아들이 아니던가.”

“그러하옵니다.”

김계명은 선대 문성왕 이후로 지금까지 시중의 일을 도맡아오고 있는 나라의 중신이었다. 헌안왕도 왕위에 오르기 전에 잠깐 계명의 아들 응렴을 본 적이 있었는데, 그때는 한참 어린아이였다. 그런데 어느새 이처럼 훌륭하게 자라나서 자신의 앞에 서 있다니, 헌안왕은 다시 한번 세월의 빠름을 느꼈다.

“그래, 오래도록 소식을 듣지 못했는데 무얼 했는가?”

“소신은 15세에 화랑이 된 뒤로 지난 5년간 낭도를 이끌고, 우리 대신라의 국토 이곳저곳을 여행하며 견문을 넓혔습니다.”

“그래서, 그대는 어떤 좋은 것을 본 적이 있는가?”

왕의 질문에 응렴은 잠시 생각에 잠긴 듯하다가, 이내 또박또박한 목소리로 대답했다.

“세 가지 행실이 좋은 사람을 보았습니다.”

다음에 이어지는 응렴의 대답을 《삼국사기》와 《삼국유사》는 조금씩

응렴(膺廉) • 경문왕의 이름 응렴은 가슴 응(膺)자에 청렴할 렴(廉)자를 썼다. 청렴함을 가슴에 묻었다는 이름대로 그는 훗날 신라 하대 개혁 군주의 면모를 보여준다.

다르게 기록하고 있다. 먼저 《삼국사기》에 나와 있는 기록을 살펴보자.

"한 사람은 귀한 집 자제이면서 남과 사귐에 있어서는 자기를 먼저 하지 않고 남의 아래에 처하였으며, 또 한 사람은 집에 재물이 넉넉하여 사치스러운 옷을 입을 수 있었는데도 항상 삼베와 모시옷으로 스스로 즐거워했습니다. 그리고 한 사람은 권세와 영화를 누리고 있었으나 한번도 다른 사람에게 위세를 부리지 않았습니다."

한편 《삼국유사》의 기록은 다음과 같다.

"남의 윗자리에 있을 만한 사람이면서도 겸손하여 남의 밑에 있는 이가 그 첫째이옵고, 세력 있고 부자이면서도 옷차림이 검소한 이가 그 둘째요, 본래는 귀하고 세력이 있으면서도 그 위세를 보이지 않는 이가 그 셋째였습니다."

응렴이 말한 세 가지 좋은 것이란 어떻게 보면 너무도 당연한 진리들이다. 하지만 이들을 굳이 아름다운 행동이라고 말한 까닭은 그만큼 좋게 보았다는 뜻이겠지만, 한편으로는 당시 그런 사람이 지극히 드물었다는 뜻일 수 있다. 응렴의 대답은 가장 이상적인 귀족의 모습을 설파하고 있지만, 작게나마 의문이 생긴다. 과연 그는 이 모든 것을 직접 보았던 것일까.

역사학계에서는 이 대목을 둘러싸고 해석이 구구한데, 화랑 응렴이 당시 지방 호족들의 전횡을 보고 그것을 빗대어 말했다고 보는 이도 있고, 화랑으로서 유교적 소양을 바탕으로 발언한 것이라고 보는 경우도 있다. 응렴이 말한 세 가지 '좋은' 이야기는 차례로 사양함[讓], 검소함[儉], 공손함[恭]을 뜻하는데 이는 《논어》 〈학이편〉에서 자공이 공자의 인품을 평가한 것과 거의 일치한다. 다만 《논어》는 온순하고 어질다는 항목이 더 추가되어 있을 뿐이다.

화랑 응렴이 정말로 그런 사람들을 직접 보았든, 그렇지 못했든 응렴이 상당한 유교적 소양을 갖추고 있던 것만은 분명한 사실이다. 그리고 이것은 신라시대 화랑들의 공통점이기도 했다. 경주시 견곡면 금장리에서 발견된 임신서기석(壬申誓記石)에는 두 화랑이 함께 한 맹세가 적혀 있는데, 《시경》이나 《상서》, 《예기》, 《춘추》 같은 유교의 대표적인 경전들을 공부하자는 내용이 담겨 있다. 이런 점이 중요한 이유는, 과거시험이 없고 학문의 전통도 얕을 뿐더러, 한자를 읽을 수 있는 지식인들이 고려나 조선시대와는 비교도 할 수 없게 적었던 신라시대에 한학은 어려운 선진 학문이었기 때문이다. 실제로 화랑 응렴의 한학 실력이 걸출했다는 점은 즉위한 뒤의 여러 기록에서 잘 드러난다. 그리고 이런 점을 제외하고도, 화랑이라는 경문왕의 출신성분은 즉위 이후 그의 정치적 성향에 많은 영향을 끼치게 된다.

"임신년(壬申年) 6월 16일에 두 사람이 함께 맹서하여 쓴다. 하늘 앞에 맹서하여, 지금으로부터 3년 이후에 충도(忠道)를 집지(執持)하고 과실이 없기를 맹서한다. 만약 이 일(맹서)을 잃으면 하늘로부터 큰 죄를 얻을 것을 맹서한다. 만약 나라가 불안하고, 세상이 크게 어지러워지면 가히 행할 것을 받아들임을 맹서한다. 또 따로 먼저 신미년 7월 22일에 크게 맹서하였다. 시(詩)·상서(尙書)·예기(禮記)·춘추전(春秋傳)을 차례로 습득하기를 맹서하되 3년으로 하였다."

壬申年六月十六日 二人并誓記 天前誓 今自三年以後
忠道執持 過失无誓 若此事失 天大罪得誓 若國不安大
亂世 可容行誓之 又別先辛未年七月二十二日大誓 詩
尙書禮傳倫得誓三年

화랑 출신이 의미하는 것

이야기를 계속하기 전에 먼저 화랑이 어떤 조직인지 살펴보자. 신라에서 나라와 사회를 걸머질 씩씩하고 용감한 인재를 양성하기 위해 만들어졌다는 것이 화랑에 대한 상식적인 해석이다. 그런데 화랑을 한자로 쓰면 꽃 화(花)자에 젊은이 랑(郎)자를 쓰니 그대로 읽으면 꽃 같은 젊은이란 뜻인데, 멋으로 붙였다고 하기엔 조금 민망하기까지 한 표현이다. 나라의 동량인 젊은이들이 씩씩하고 용감해야 한다는 선입견과는 도무지 어울리지 않는다. 어째서 이런 이름이 붙은 것일까?

사실 화랑의 전신이었던 원화(源花)도 마찬가지로 꽃 화(花)자가 들어간다. 원화는 이름 그대로 꽃처럼 아름다운 여성을 단장으로 뽑아 신라의 청년들을 모은 조직이었다. 진흥왕 37년(576) 처음으로 남모(南毛)와 준정(俊貞)이라는 미녀들을 뽑아 원화로 삼았는데 남모와 준정 아래에는 약 3백 명의 젊은이들이 모였다고 한다. 그러다가 여자들끼리 경쟁이 붙어버렸고 결국 극단적인 상황으로 치달았다. 준정이 남모에게 억지로 술을 마시게 하여, 만취한 그녀를 강물 속에 던져 죽여버린 것이다. 이 일이 탄로 나자 준정마저 사형을 당하고, 낭도들은 흩어져 모임도 흐지부지 되었다. 그래서 진흥왕은 원화를 폐지하고 새로이 '남자'가 단장을 맡은 화랑 제도를 만든 것이다. 《삼국사기》에 따르면 화랑 제도는 진흥왕 37년, 그러니까 576년에 만들어졌다. 그러나 같은 책에서는 그보다 14년 전인 진흥왕 23년(562)에 사다함이 대야성을 공격했다는 기록이 있는데, 그는 대표적인 화랑의 한 사람이다. 사다함에 관한 기록이 옳다면 화랑 제도는 이미 만들어져 있었다고 해야 옳을 것이다. 최근 역사학계의 주목을 끌고 있는 《화랑세기》에 따르면 원화를 폐지하고 화랑을 설치한 시기는 540년이라고 한다. 위의 기록을 인정할 경우 《삼국사기》의 진흥왕 37년의 기사는 잘못된 것으로 보아야 한다. 그리고 《화랑세기》는 화랑 제도의 성립에 대해 좀 더 구체적인 소식을 전하는데, 제1세 풍월주는 위화랑으로 되어 있다.

　화랑이라는 단체에 관해 전해지는 재미있는 사실이 있다. 《삼국사기》에시는 미모의 남지를 곱게 꾸며 화랑으로 삼았다고 하고, 중국 사람인 고음(顧愔)* 이 기록한 《신라국기》라는 책 속의 화랑에 대한 기록에는 "귀족 자제 중에서 어여쁜 자를 뽑아서 분을 바르고 곱게 단장한다"라는 말이 있다. 이렇게 보면 화랑은 그 당시의 아이돌(idol) 스타 같은 것

고음 • 《삼국사기》에는 영호징(令狐澄)이라고 되어 있다.

이 아니었을까. 아니면 옛 원시시대에 있었던 신관이나 무녀를 중심으로 제전을 벌였던 원시종교적인 모임이었을지도 모른다. 하지만 화랑이 단순한 모임의 성격만을 가지고 있었던 것은 아니었다. 실제로 《후한서》의 〈동이전〉에는 아직 성년이 되지 않은 소년들이 모이는 집이 있다는 기록이 있다. 모여서 무엇을 했는지는 기록에 없지만, 특별한 이유가 있었을 것이다. 신라시대에도 미성년인 아이들을 사회의 적절한 구성원으로 양성하기 위한 교육 제도가 있었음을 어렴풋이 짐작할 수 있다. 신라의 화랑도는 이런 원시적인 교육 관습과 제도들이 발전해서 생긴 것일 가능성이 높다. 그리고 《삼국유사》에는 화랑을 일러 "무리를 뽑아서 그들에게 효제(孝悌)와 충신을 가르쳐 나라를 다스리는 데 대요(大要)를 삼는다"라고 했다. 《삼국사기》는 화랑에 대해 좀 더 현학적으로, "사람의 사악함과 정직함을 알게 되어, 착한 사람을 택하여 조정에 천거했다"고 기술했는데, 정리하자면 결국 나라를 위해 인재를 가려 뽑는다는 말이다. 나라를 위해서는 언제든 건강한 몸과 마음을 갖춘 젊은 인력이 필요했고, 특히 고구려나 백제에 비해 나라가 작고 국민수가 적은 신라는 이 문제가 더욱 절실했다. 그래서 나라의 미래와 생존을 위해 국가 주도로 젊은이들을 훈련시켰던 것이다.

삼국시대에 신라가 벌인 여러 전쟁에서 화랑들은 크게 활약하였다. 가야를 정복하던 전쟁 때의 사다함이 그랬고, 삼국통일의 대들보 김유신도 화랑 출신이었다. 백제와 황산벌 싸움에서도 관창 같은 화랑들의 활약상이 전하며, 그 외에도 여러 화랑들의 이야기가 전한다. 김대문은 그의 저서인 《화랑세기》에서 화랑에 대해 '현명한 재상과 충성스러운 신하가 여기에서 생겨나고, 훌륭한 장수와 용감한 병사가 이로 말미암아 생겨났다'라고 말할 정도였다. 이런 점에서 본다면 신라가 삼국을 통일한 원동력은 적지 않은 부분을 화랑에게서 찾을 수 있다고 해도 틀린 말은 아니다.

화랑에 대한 기록을 자세히 살펴보면, 그들이 꽤나 어린 나이에 전선에 나섰다는 것을 알 수 있다. 사다함의 경우 열다섯의 나이에 가야와 맞붙은 싸움에서 귀당비장(貴幢裨將)이라는 직책으로 출진(出陣)하여 상당한 군공을 세웠고, 관창이 황산벌 전투에서 목이 베였을 때의 나이 역시 열다섯이었다. 현대인에게 다소 뜻밖이라는 느낌이 들지만 먼 옛날인 신라시대에는 의학의 발전도 더뎌 지금보다 평균수명이 훨씬 짧았을 것이고, 따라서 지금의 열다섯과 당시의 열다섯이 달랐을 수도 있다. 그러나 신라의 병역 의무가 15세부터 59세까지의 남자들에게 부과되었던 것을 감안하면, 여전히 어린 나이인 것만은 분명하다.

또 이런 화랑들은 모두 내로라하는 귀족들의 자제였다. 사다함은 내물왕의 7대손이었고, 관창은 신라의 좌장군(左將軍) 품일(品日)의 아들이었다. 원술은 김유신의 아들이자 태종무열왕의 조카였다. 이렇게 높은 신분이었던 화랑들이 최전선에 나서서 싸우고 또 죽어갔던 것이다.

실제로 관창의 죽음은 계백의 백제군에 맞서 고전하던 신라군의 사기를 일시에 드높여 전세를 뒤집게 했다고 알려져 있다. 그리고 지금 우리가 알고 있는 것보다 훨씬 더 많은 화랑들이 전쟁터에서 이름 없이 죽어갔을 것이다. 이처럼 초기의 화랑들은 군사적 성격을 강하게 띠고 주로 군사지도자로 육성되었다. 이들은 적국에 맞서 싸우고, 나라를 지켜내기 위해 존재했던 것이다. 그런데 일단 삼국이 통일되고, 당나라가 한반도에서 물러나자 더 이상 외부의 적은 존재하지 않았다. 멀리 북쪽에 발해와 대립하고 있었지만 직접 접전을 벌인 적은 드물었다. 기존의 존립 목표를 잃은 화랑도들은 그들의 노선을 수정해야 했다. 달라진 화랑. 그 본질 하나를 엿볼 수 있는 것이 임신서기석의 "만약 나라가 불안하고, 세상이 크게 어지러워지면 움직여야 한다"라는 글귀다.

통일 이후 화랑의 변질은 새삼스러울 건 없다. 군사정부 시절, 군인이 대통령이 되고 정권을 잡게 되자 육군사관학교가 군인이 아니라 권력의 중심부에 다가가려는 사람들을 배출했던 것과 마찬가지였다. 군사적 엘리트였던 화랑들이 나라의 권력을 잡자 화랑의 본래 목적은 차츰 흐려지고, 귀족들의 사병(私兵) 또는 정치적 당파로 그 성격이 변한 것이다. 그런 점을 극명하게 보여주는 것이 신라 하대 화랑인 명기(明基)와 안락(安樂)의 활동이다. 이들은 김헌창의 난을 진압할 때 화랑으로써 낭도를 이끌고 출정했는데, 이는 국가를 위한 것이라기보다는 정치적인 측면이 더 크다고 본다. 그런 점에서 화랑 출신이었던 경문왕의 즉위는 신라의 역사 속에서 특별한 의미를 가진다. 천여 명이나 되는 낭도들이 따랐다는 인기 절정의 젊은 화랑 김응렴, 그가 신라의 왕이 됨으로써 여러 화랑들도 정치의 중심 무대로 진입하는 계기를 마련할 수 있었다.

첫째 공주와 둘째 공주 사이에서

다시 860년 임해전의 연회장으로 돌아가보자. 아무래도 헌안왕은 화랑 응렴의 대답이 굉장히 마음에 든 모양이었다.

《삼국유사》는 대답을 들은 헌안왕이 "눈물마저 뚝뚝 떨어뜨렸다"라고 기록했다. 얼마나 감동을 했기에 많은 사람들이 지켜보는 공식적인 장소에서 왕이 눈물을 흘렸을까. 유언에서도 "죽어도 썩지 않을 것"이라는 강렬한 표현을 쓴 것을 보면 헌안왕은 감정이 무척 풍부한 사람이었다고 생각된다. 《삼국사기》는 헌안왕이 왕비에게 "많은 사람을 보아왔지만, 응렴만한 사람은 없다"는 말을 했다고 전한다. 왕비가 이 말에 무어라 대답했을지 대단히 궁금하지만, 왕비의 대답은 기록으로 전하지 않는다. 딱히 부정하지는 않았기 때문에 기록되지 않은 것 같으니 헌안왕의 말에 수긍했다고 봐야겠다.

한편 임해전 연회 당시 응렴의 나이에 대해 두 사서가 조금 틀리게 말하고 있다. 우선 《삼국사기》에는 15세에 헌안왕과 만난 것으로 되어 있지만, 《삼국유사》에서는 20세에 헌안왕을 만났다고 적고 있다. 두 사서가 서로 다른 기록을 참고한 듯 싶다. 아무래도 《삼국유사》에 기록된 20세가 좀 더 그럴 듯하다. 당시 진골 출신이 독점하고 있던 화랑 초사시의 연령은 대개 20세 전후였다. 하지만 어떤 화랑은 15세 전후에 화랑의 우두머리인 국선이 되는 경우도 있었기 때문에 《삼국사기》의 기록도 아주 틀리다고 무시하기는 어렵다. 어쩌면 사료에 아무 기록도 없지만, 응렴은 15세에 국선이 되어 여러 해 수련을 거친 뒤 20세 정도에 연회에 참석했던 것이 아닐까. 《삼국사기》에서 응렴의 나이가 15세로 기록된 까닭은 여기에서 비롯된 것인지도 모른다.

이 설화만 두고 본다면, 이때 오갔던 대답이 만족스러웠기 때문에 응렴은 왕의 사윗감으로 내정된 셈이다. 그런데 갑자기 왕이 그저 젊은 화랑과 몇 마디 나눈 뒤에 곧장 사윗감으로 정했다기에는 너무 '짜고 치는' 느낌이 든다. 아무래도 미리 점찍어둔 게 아니었을까. 나중에 좀 더 자세히 이야기 하겠지만, 응렴은 평민도 아니었고, 희강왕(재위 836~838)의 손자이자 원성왕계의 진골왕족이었다. 응렴이 왕의 사위로 내정된 것은 어떻게 본다면 당연한 결과일 수도 있다.

아무튼 설화의 이야기를 좀 더 살펴보면, 화랑 응렴은 젊은 나이에 임해전에 불려가 헌안왕을 만나고, 여러 진골귀족들 앞에서 왕의 사위로서 적당한지 검증을 거쳤다. 헌안왕의 질문을 왕의 사위로 적당한가를 알아보는 객관적인 공정성을 얻기 위한 시험으로 볼 수 있다. 어쨌든 응렴의 대답에 만족한 헌안왕은 그를 사위로 들이기로 마음을 굳힌다.

"내게는 두 딸이 있는데 그대가 장가들고자 싶은대로 하라."

이 또한 문제였다. 헌안왕은 어느 한 사람으로 지정해준 것이 아니라 응렴에게 선택하도록 했다. 어쩌면 이것이 최후의 시험이었을 수도 있다. 현재 헌안왕의 두 딸들의 이름은 전해지지 않고, 다만 첫째 공주는 경문왕비 영화부인으로 사서에 기록되어 있다. 나이는 첫째 공주가 스물, 둘째 공주가 열아홉이었다고 하니 아마도 응렴 또래였고, 그 시대 기준으로 본다면 과년하다고 할 수 있는 편이었다.

어쨌든 왕의 명령이 떨어졌다. 응렴으로선 감히 거절할 수도, 거부할 수도 없었다. 하지만 둘 중 누구와 결혼해야 할까. 언니냐 동생이냐, 어쨌든 결정을 내려야 했다. 그렇지만 이 문제만은 혼자 결정할 수 없었던지, 응렴은 그 자리에서 대답을 하지 못했다. 그리고 집에 돌아가 이 문제를 가족들과 함께 의논했다. 그의 부모가 내린 결정은 《삼국사기》와 《삼국유사》에 긱각 기록되이 있는데 내용은 비슷하다.

"첫째 공주는 생김이 초라하고 둘째 공주는 예쁘다 하니, 둘째 공주가 좋을 것이다." 가족들이 내린 최종 결정이었다. 단지 예쁘다는 이유로 이런 결정을 내린 것이 너무도 단순하다는 느낌이 들기도 한다. 그러나 당시 신라의 정황을 감안한다면, 이것은 그렇게 간단한 문제가 아니었다.

옛날 동화책을 읽어보면, 무남독녀 공주님과 결혼해서 임금님이 되는 주인공의 이야기가 꽤 많이 있다. 반드시 그렇게 된다는 보장은 없을지라도, 공주와 결혼한다는 것은 흔히 말하는 출세 코스였다. 한 나라의 권력과 정치와 경제의 정점인 왕의 사위가 된다는 것은 현대 사회에서는 상상도 할 수 없을 만큼 엄청난 특권을 보장했다. 게다가 헌안왕에게는 아들도 없었고, 그 전 왕이었던 문성왕도 왕태자가 일찍 죽어 이렇다 할 자식이 없었다. 왕위를 계승할 수 있는 왕실의 후손이 사실상 전무한 상황이었으니, 사위에게 왕위가 돌아갈 가능성이 컸다. 신라의 역사를 돌이켜 보더라도 석씨 성의 시조이자 신라 4대 왕인 석탈해가 사위로서 왕위에 오르지 않았던가. 탈해말고도 사위라고 정확하게 명시되어 있지는 않지만, 신라의 왕들 중에서 왕비가 전대 왕의 딸이라고 기록된 경우는 11대 조분왕, 13대 미추왕, 17대 내물왕, 18대 실성왕, 19대 눌지왕 등 총 6명이 있었고, 외가 친척이 왕족이었던 왕은 그보다 훨씬 수가 많다. 당시 신라에서 같은 성씨, 가까운 친척끼리 근친혼이 이루어진 탓도 있겠지만 말이다.

어쨌든 화랑 응렴으로서는 왕의 사위가 된다는 사실이 마냥 좋은 일인 것만은 아니었던 것 같다. 가장 큰 이유라면 당시 혼란스러운 정치상과 거듭되는 반란 때문일 것이다. 신라의 하대는 어지러웠고, 그렇게 혼란한 시기에 권력의 중심부에 다가가는 것 자체가 매우 위험했다. 할아버지 희강왕도 당시 상대등이던 김명과 시중 이홍 등이 군사를 이끌고 난을 일으키자 자살하지 않았던가. 만약 왕실의 직계 가족이 되었다가 정쟁에 휘말린다면 응렴 본인은 물론이요, 집안 전체가 몰살당할 수도 있었다. 응렴 역시 희강왕의 손자였고, 최고 신분인 진골이었기에 더 이상 신분상승을 도모할 이유는 없었다. 게다가 이미 할아버지인 희강왕이 정치적인 이유로 자살했기에 응렴은 더욱 조심스러워질 수밖에 없었다. 그래서 응렴의 가족은 일시적인 부귀영화보다도 안전을 택했고, 둘째 공주를 택했을지도 모른다. 집안의 결정이 내려졌는데도, 막상 당사자인 응렴은 확실한 결정을 내리지 못하고 망설이고 있었다.

이때, 응렴이 거느린 낭도 가운데 수석의 위치에 있던 범교사(範敎師)가 그 일을 듣고 당장 달려왔다. 《삼국사기》에는 응렴이 흥륜사의 승려에게 자문을 구했다고 하지만, 《삼국유사》에는 범교사가 직접 응렴을 찾아왔다고 되어 있다. 결혼이라는 것이 아무리 고민이 된다 해도, 아랫사람에게 시시콜콜 물어보기 힘든 사적인 일이기에 아무래도 범교사가 응렴을 찾아와 결혼 문제에 대해 물었다는 《삼국유사》의 기록이 좀 더 타당해보인다. 다음은 《삼국유사》에 기록된 응렴과 범교사가 나눈 대화다.

"소문을 듣건대, 대왕께서 공주를 공의 아내로 주고자 한다는 데 사실입니까?"
"그렇습니다."
"어느 공주에게 장가 들 것입니까?"
"부모님께서 둘째 공주가 좋다고 하십니다."

문장 그대로 본다면, 범교사는 응렴에게 사정을 꼬치꼬치 캐물으며 당신 생각은 어떠냐는 투로 따진 셈이다. 상대는 화랑이요, 왕족의 후예인데다가 윗사람인데도 범교사는 아랑곳 않고 응렴에게 거침없이 물었다. 물어본 사람도 대단하지만 그걸 받아준 사람도 대단하다.

"맏공주에게 장가를 든다면 반드시 세 가지 좋은 일이 있을 것이니 살피십시오."

그리고 마침내, 범교사는 집안 결정과는 반대로 첫째 공주와 결혼할 것을 응렴에게 종용한다. 그리고는 다음과 같은 말을 남긴다.

"만약 둘째 공주에게 장가를 드신다면 나는 낭(郎)의 면전에서 죽겠습니다."

예나 지금이나 자살 시위만큼 섬뜩한 것도 없다. 상전에게 자신의 결정을 따를 것을 요구하면서 안 되면 죽겠다고 하다니. 춘추전국시대에 진나라 소양왕에게 질장구를 칠 것을 종용하면서, "그렇지 않으면 제 목을 찔러 피를 공에게 튀기겠습니다"라고 협박한 조나라의 재상 인상여(藺相如)가 연상되는 대목이다. 단순히 하극상이라고 하기에는 너무 강력해서, 그렇게 말한 범교사의 배짱에 감탄하게 된다. 대체 어떤 생각으로 그렇게 말한 건지 궁금하기까지 하다. 그 이유를 범교사는 한 문장으로 설명했다.

"세 가지 좋은 일이 있습니다."

첫째 공주와 결혼하면 그렇다는 이야기이다. 반대로 둘째 공주와 결혼한다면 세 가지 나쁜 점이 있다고 했다. 대화의 내용이 어떠했는지는 구체적으로 알 길이 없지만, 하여튼 이야기 끝에 응렴은 범교사에게 설득된 것 같다.

"뜻대로 하겠습니다."

그러면서 응렴은 범교사가 한 첫째 공주와 혼인하라는 말을 따른다. 《삼국사기》에는 그냥 결정하지 못하고 왕의 뜻에 맡겼다고 기록되어 있지만, 나중에 벌어진 일과 상식을 고루 따져보면, 당연히 첫째 공주에게 결혼 순서가 돌아갔을 테고, 결론적으로는 응렴은 범교사의 '당돌한' 의견에 순순히 따른 것이 된다. 어쩌면 헌안왕이 마음에 들어한 것은 응렴의 이런 아랫사람의 조언도 너그럽게 받아들이는 성격인지도 모르겠다.

그런데 여기에서 한 가지 재미있는 것은, 조언을 해준 범교사라는 인물에 대한 기술이 조금씩 다른 점이다. 《삼국사기》에는 그저 흥륜사의 승려라고 했는데, 《삼국유사》에는 낭도들의 우두머리라고 되어 있다. 같은 사건을 기술하면서, 왜 이렇게 틀린 점이 많을까. 과연 흥륜사의 승려와 범교사는 동일 인물일까, 다른 인물일까? 아무래도 이 둘을 한 사람으로 보는 편이 적절할 듯하다. 범교사는 흥륜사 승려이면서 응렴이 이끄는 화랑 무리에서 화랑의 정신교육을 담당했던 것으로 생각된다. 원래 화랑은 불교와 인연이 깊었다. 전술한 대로 그들은 유학공부도 했지만, 불교의 참선도 그에 못지않게 열심히 행했다. 게다가 부처님의 힘을 빌어 나라를 지킨다는 호국 불교와 화랑 간의 관계는 떼려야 뗄 수 없었다. 실제로 화랑들이 지켜야 할 규율인 세속오계를 정해준 것은 원광법

사라는 스님이 아니던가. 그리고 기파랑을 찬양하는 내용의 향가 〈찬기파랑가〉를 지은 사람도 충담사라는 승려였다. 왜 《삼국사기》와 《삼국유사》는 한 사람에 대해 이토록 다르게 기록한 것인가. 아무래도, 《삼국사기》와 《삼국유사》의 어쩔 수 없는 차이 때문일 것이다. 두 역사서는 신라 시대가 아닌, 고려 때 쓰였다. 그런데 김부식을 비롯한 《삼국사기》 찬자들은 대체적으로 승려들에 대한 기록에 야박한 편이었다. 그들이 유학자인 탓도 있지만, 승려 출신이던 묘청이 서경천도운동이라는 난을 일으켰다가 진압된 지 얼마 되지 않은 당시 고려의 시대 상황을 감안한다면, 승려라는 것을 직접 표기하기가 거북했을지도 모른다. 좀 더 후대에 쓰인 《삼국유사》는 《삼국사기》에 반발했거나, 아니면 승려의 기록에 거리낌 없었던 것일 수 있다. 일연이 승려임을 감안하면 더욱 그렇다.

화랑 왕, 경문왕의 시대가 열리다

두 공주 중 누구를 선택한다고 해도, 화랑 응렴이 왕의 사위가 되는 것은 이미 정해진 사실이었다. 헌안왕은 길일을 골라 응렴에게 사신을 보내어 어떤 결정을 내렸는지 물어보았다고 한다. 장래의 사윗감이 먼저 대답하기 전에, 장인 될 사람이 날 잡고 사신까지 보내어 물어본 것을 보면 사위보다도 장인 쪽에서 결혼을 서둘렀다는 느낌이 든다. 후일담이지만, 어쩌면 헌안왕은 자신이 지상에 머물 시간이 별로 남지 않았다는 것을 직감하고 있었을지도 모른다.

응렴의 결혼에 대한 《삼국사기》 〈신라본기〉 헌안왕 4년(860)의 기록은 다음과 같다.

"왕장녀출강언(王長女出降焉)."

풀이하자면 '왕이 장녀(첫째 공주)를 시집보내었다'라는 뜻으로 '응렴에게'라는 말이 생략되어 있지만 이 정도는 금방 이해할 수 있다. 여기서 '시집간다'는 표현을 출가(出嫁)가 아닌, 출강(出降)이란 말을 쓴 것이 재미있다. 어쨌거나 화랑 응렴은 왕의 신하이기에, 신하에게 왕의 가솔인 귀한 공주를 내려보내는 것이니 내리다라는 뜻의 '강(降)'자를 쓴 것이다. 여담이지만, 헌안왕이 그처럼 눈물을 흘릴 정도로 마음에 든 사윗감을 첫째 공주의 배필로 정했다는 것은, 물론 자식의 순서라는 것도 무시할 수 없었겠지만 그만큼 헌안왕이 첫째 딸을 아꼈던 게 아닌가 하는 생각도 든다.

어쨌든 이로써 화랑 응렴은 헌안왕의 첫째 공주와 결혼을 했다. 과연, 응렴과 헌안왕의 첫째 공주의 결혼식은 어떠했을까. 《삼국사기》 신문왕 3년(683)의 왕의 결혼에 관한 기록을 보면, 당시 신라 왕실의 결혼식이 어떠했는지 그 모습을 대강이나마 엿볼 수 있다. 가장 먼저, 신문왕은 이찬 문영과 파진찬 삼광을 결혼할 집에 보내어 날짜를 정했다. 그런 뒤 대아찬 지상을 보내어 예물을 보냈는데, 비단 열다섯 수레, 쌀, 술, 기름, 꿀, 간장, 된장, 포, 젓갈이 135수레였으며, 조(租)가 150수레였다고 한다. 지금 보아도 입이 딱 벌어질 만한 양이니, 그 당시엔 더욱 대단했으리라. 그리고 또다시 이찬 문영, 개원을 보내어 결혼할 여성을 부인(夫人)으로 삼는 절차를 밟았다. 그리고 같은 날 묘시(卯時: 5시부터 7시까지)에 파진찬 대상·손문, 아찬 좌야·길숙 그리고 그들의 아내와 양부(梁部) 및 사량부(沙梁部)에 있는 여자들 각 30명과 함께 부인을 맞아오게 했다고 한다. 이때 훗날 신문왕의 부인이 될 사람이 탄 수레의 좌우를 거들었던 관원들과 부녀자들의 수가 매우 많았다고 하고, 왕궁의 북문을 통해 부인이 수레에서 내려 대궐로 들어갔다고 한다.

화랑 응렴이 헌안왕의 첫째 공주와 결혼하던 날, 신라의 도성인 금성은 온통 잔치 분위기로 떠들썩해지고, 사람들은 그날 밤새워 먹고 마셨을 것이다. 예물도 예물이거니와 혼례식은 또 어떠했을까. 요즘도 폐백할 때 대추와 온갖 색실로 장식한 닭이 상에 놓이곤 한다. 닭을 상서로운 동물로 생각하는 것은 신라 때부터 시작되었다 하니, 화랑 응렴과 첫째 공주의 결혼식 상 위에도 닭이 놓이지 않았을까. 신랑 신부의 예복 차림은 또 어땠을까. 언제나 동생보다 예쁘지 못하다는 소리를 들어왔을 첫째 공주이지만, 그날의 당당한 주인공으로 곱게 혼례복을 차려 입었을 것이다. 신라시대 신부들이 어떤 옷을 입었는지 모르지만,《삼국사기》〈잡지〉에 보면 각 신분별로 입을 수 있는 옷의 종류가 세세하게 나누어져 있다. 공주라면 야초라(野草羅)의 옷에 순금과 은을 아로새기거나 구슬로 꿴 비녀를 꽂은 것이 평소 차림이었을 테니, 결혼하는 날은 한층 더 곱게 차려입었을 것이다. 응렴도 복두를 쓰고 수놓지 않은 비단 옷을 입고, 신을 신었을 것이다. 두 사람의 신방은 어디에 차려졌을까? 왕궁이었을지 응렴의 집이었을지 모르겠다.

아무튼, 범교사의 예언이랄까 예지는 훗날 그대로 들어맞았다. '세 가지 좋은 일' 중 가장 첫 번째 일은 바로 응렴이 왕으로 즉위한 것이었다.

헌안왕은 그 바로 다음 해이자 즉위한 지 5년째인 861년 정월, 심하게 병이 들어 자리에 누워 일어나지 못한다. 병명이 무엇인지는 알 수 없지만, 긴장이 풀린 탓일 수도 있고, 아니면 본래부터 앓고 있던 병이 있었을 수도 있다. 나이 스물이 되어 결혼한 딸을 두었다면 헌안왕은 적어도 마흔이나 그 이상의 나이였으니, 당시로는 결코 젊은 나이가 아니었다. 자신의 죽음이 닥쳐왔음을 예감했던 걸까, 헌안왕은 신하들에게 유조를 내렸다. 아들도, 태자도 없었던 헌안왕은 자신의 뒤를 이어 누가 왕위를 계승할지를 정해두어야 했다. 그러나 딸에게 왕위를 물려주지는 않았다. 암탉이 새벽에 우는 것 같아 본받을 수 없다는 표면적 이유를 들었지만, 본래 뜻은 다른 데 있지 않았을까? 만약 여왕이 즉위한다면, 나라 안팎에서 얕잡아보는 사람이 생길게 분명했다. 헌안왕이 다스리던 시대는 여전히 난세(亂世)였다. 남자라도 왕 노릇 하기 힘든 때였다. 헌안왕은 맏사위인 화랑 응렴을 다음 왕으로 내정하고, 이를 발표했다. 그를 후계자로 내정한 이유에 대해,《삼국사기》는 다음과 같이 전한다.

> "사위 응렴은 비록 나이는 어리지만 노련하고 성숙한 덕을 가지고 있다. 경들이 그를 왕으로 세워 섬기면 반드시 선조로부터 이어온 훌륭한 왕업을 떨어뜨리지 않을 것이다."

당시 응렴의 (상대적으로 젊은) 나이를 신경 쓴 듯한 발언이다. 아니, 전체적으로 보아 신하들에게 내리는 명령이라기보다는 부탁을 한다는 느낌이다. 헌안왕이 응렴을 만나 사위로 삼은 지 불과 4개월 정도 되었으니, 아직 응렴은 결혼한 지 불과 서너 달 밖에 되지 않은 새신랑이었다. 이렇게 발표를 하면 사위가 왕위를 잇는 것에 대한 다른 귀족들의 불평불만을 조금이나마 잠재울 수 있다고 생각했던 것일까. 그런 걱정스러운 마음이 오죽이나 컸으면 헌안왕은 마지막 말을 이렇게 끝맺었다.

"그러면 과인은 죽어도 썩지 않을 것이다."

헌안왕 스스로 이미 다가오는 죽음의 그림자를 느꼈을지도 모른다. 같은 해 1월 29일 왕은 영원한, 깊은 잠에 빠져 들었다. 그리고 왕의 유지를 이어받아 첫째 사위인 응렴이 즉위했다. 이제 화랑 왕, 경문왕의 시대가 열리고 있었다.

2. 경문왕의 즉위,
필연인가 우연인가

당나귀 귀를 가졌다는 경문왕이 바랐던 개혁의 실체는 무엇인가.

왕의 개혁은 천 년이 지난 오늘 우리에게 무슨 의미가 있을까.

설화에 담긴 비밀을 캐내며 한 조각 한 조각 읽어보자.

그리하여 경문왕의 삶은 그의 시대를 뛰어넘어

성큼 우리 곁으로 다가올 것이다.

五年 春正月 王寢疾彌留 謂左右曰 "寡人不幸 無男子有女 吾邦故事 雖有
善德·眞德二女主 然近於牝雞之晨 不可法也 甥膺廉 年雖幼少 有老成之
德 卿等立而事之 必不墜祖宗之令緖 則寡人死且不朽矣" 是月二十九日 薨
諡曰憲安 葬于孔雀趾

—《삼국사기》 권11,〈신라본기〉11 , 헌안왕 5년

헌안왕 5년(861) 봄 정월에 왕이 병으로 자리에 누워 오랫동안 낫지 않았으므로 좌우의 신하들에게 일렀다. "과인은 불행히도 아들은 없고 딸만 있다. 우리나라의 옛일에 비록 선덕(善德)과 진덕(眞德) 두 여자 임금이 있었으나, 이는 암탉이 새벽을 알리는 것과 비슷하므로 본받을 일이 못된다. 사위 응렴은 비록 나이는 어리지만 노련하고 성숙한 덕을 가지고 있다. 경들은 그를 왕으로 세워 섬기면 반드시 선조로부터 이어 온 훌륭한 왕업을 떨어뜨리지 않을 것이다. 그러면 과인은 죽어도 또한 썩지 않을 것이다." 이달 29일에 [왕이] 죽었다. 시호를 헌안(憲安)이라 하고 공작지(孔雀趾)에 장사지냈다.

신라는 몰락의 길을 걷고 있었다

어렸을 때 읽었던 이야기의 끝은 한결 같았다. "……그래서, 공주님과 결혼했습니다. 그렇게 그들은 영원히 행복하게 살았습니다." 하지만 경문왕의 이야기는 이렇게 끝날 리 없다. 이건 동화가 아니다. 더군다나 이미 우리가 알고 있듯이 이야기의 주인공은 우스꽝스러운 당나귀 귀를 단 임금님이 되었으니 말이다. 실제로, 경문왕이 즉위한 직후 신라의 상황을 전하는 기록을 살펴보면 그다지 밝고 희망찬 내용은 아니다.

얼마 되지 않아서 갑자기 나라에 우환이 생기니, 왕위가 비어 산이 흔들리는 듯하였다. 비록 왕위쟁탈전은 벌어지지 않았지만 간혹 왕위를 노리고 까마귀처럼 모여드는 무리들이 있었다.

―최치원 찬, 〈숭복사비명〉

화랑 응렴, 이제는 왕이 된 그가 이어받은 신라는 결코 평화로운 상황이 아니었다. 특히 당시, 신라 하대는 더더욱 그랬다. 935년 경순왕이 고려의 왕건에게 항복해 나라가 없어질 때까지, 근 천 년 동안 이어진 신라의 역사는 보통 상대와 중대, 하대 셋으로 나뉜다. 그런데 이중 하대는 쇠락과 멸망의 조짐이 뚜렷해진 시기였다.

한반도 한구석의 조그만 나라로 출발했던 신라는, 능력 있는 군주들이 대를 이어가면서 비약적으로 발전했다. 진흥왕이 영토를 크게 넓히고 각 곳에 순수비를 세워 신라라는 나라의 토대를 다진 뒤, 태종무열왕은 삼국통일의 기틀을 닦고, 그의 아들인 문무왕은 통일을 성사시킨다. 통일 이후, 신라는 강력한 왕권을 바탕으로 문학, 예술, 건축 등 여러 방면에서 눈부시게 발전했다. 발해와 충돌도 있었지만 삼국시대처럼 대대적인 전쟁으로까지 번지진 않았다. 당나라가 한반도를 차지하려 하자 신라는 모든 힘을 쏟아 이것을 저지했는데 이 때문에 당나라와 신라 사이에는 일시 국교가 중단되기도 했다. 그렇지만 시간이 흘러 당나라와는 사신을 주고받을 정도로 국교가 회복되었다.

그러니 한번 흥하면 언젠가 망하는 게 세상의 순리다. 이미 최절정기를 지난 신라는 조금씩 내리막길을 걷고 있었다. 처음엔 눈에 보이지 않을 만큼 미미했을지도 모르지만, 틀림없이 쇠퇴의 징조들은 하나둘 분명하게 나타나고 있었다. 불길한 징조라는 혜성(살별)이 나타날 때도 있었고, 심한 가뭄으로 백성들이 굶어죽을 때도 있었다. 붉은 옷을 입은 신비한 여인이 홀연히 나타나 조정을 비난하는 목소리를 내기도 하고, 또

난데없이 귀신의 북소리가 들려오기도 했다.

　이러한 불길한 징조들은 확실히 신라가 오래된 시간의 독(毒)에 차츰 중독되어가고 있다는 뜻이었다. 이 모든 것이 '조짐'이 아닌 '사실'로 드러난 것은 경문왕 12대 전인 신라의 36대 혜공왕 때부터였다. 그는 고작 8세에 왕위에 즉위했고, 어머니인 태후가 섭정을 했다. 사실, 왕의 나이가 어렸다는 것이 크게 문제 되진 않는다. 신라의 토대를 다진 진흥왕은 이보다 더 어린 7세에 왕위에 올랐으니까. 하지만, 혜공왕은 진흥왕과 정반대였다.

　혜공왕이 다스리던 동안, 《삼국사기》의 기록을 보면 거의 해마다 불길한 사건이 벌어졌다. 하늘에 해가 두 개가 뜨거나 혜성이 나타나고, 다리가 다섯 개 달린 송아지가 태어나고, 별이 궁성 뜰 안에 떨어졌다. 흙이 비처럼 내리기도 하고, 지진이 일어났으며, 우물과 샘이 모두 말랐다. 과학이 발달하지 않았던 옛날에는 갑작스러운 혜성의 출현이나 별의 움직임, 기형 동물의 출산 등 자연의 여러 현상들을 이해할 수 없었기 때문에, 이들을 모두 하늘의 '징조'라고 믿었다. 한편으로, 우물이 마르거나 지진이 일어나는 것은 징조이기 이전에 백성들의 삶을 망가뜨리는 재해였다. 게다가 이런 일이 매년 되풀이 되었으니, 당시 신라의 사회와 경제가 뿌리째 흔들리고, 민심이 몹시 불안해졌을 것은 불 보듯 뻔한 일이었다. 그런데 《삼국사기》에는 혜공왕이 음악과 여자에 빠져 오직 노는 데만 골몰했다고 기록되어 있다. 왕이 이러했으니 민심은 이반되고, 신하들도 왕에게서 등을 돌렸다. 마침내는 혜공왕 16년(780), 이찬 김지정(金

志貞)이 반란을 일으켰다. 상대등 김양상이 다른 이찬이었던 경신과 힘을 합쳐 김지정을 물리쳤으나, 이미 왕과 왕비는 반란군에게 살해된 다음이었다. 당시 혜공왕의 나이는 24세쯤이었고, 왕위를 이어받을 후계자는 없었다. 그래서 반란을 진압한 상대등이자, 내물왕의 10대 후손이기도 한 김양상이 780년 왕위에 올랐는데 그가 바로 37대 선덕왕이며, 이때부터를 신라 하대의 시작으로 본다.

새로운 왕이 즉위했지만, 한번 해이해진 나라의 기강은 쉽게 바로잡히지 않았다. 반란은 40대 애장왕 때 또 일어났다. 왕이 즉위한 지 10년째인 809년, 왕의 숙부였던 언승과 언승의 동생 제옹이 군사를 이끌고 왕궁에 쳐들어가, 애장왕과 왕의 동생이었던 체명을 살해했다. 언승은 스스로 헌덕왕으로 즉위했지만, 그 역시도 왕권에 끊임없이 도전하는 반란군과 다른 귀족 세력들을 상대해야 했다. 앞에서도 언급했던 김헌창 부자의 난도 이때 있었다. 김헌창 부자는 엄연한 신라의 왕족으로, 태종무열왕의 후손이었다. 그런데 원성왕이 그의 아버지인 김주원을 물리치고 왕위에 오르자 여기에 불민을 품고 난을 일으킨 것이었다. 그러나 2대에 걸친 반란은 실패로 돌아갔고, 이로써 태종무열왕계는 왕위계승 구도에서 완전히 배제되어 다시는 왕을 배출하지 못하게 된다. 하지만 그 이후엔 같은 원성왕계 왕족 간 왕위 다툼이 치열해졌다. 43대 희강왕 시대가 되면, 왕위를 놓고 벌어지는 귀족들끼리 대립과 투쟁은 극에 달한다. 흥덕왕이 죽은 뒤, 후계자가 없는 상황에서 왕의 사촌동생이었던 균정과 5촌 조카였던 제륭이 왕 자리를 놓고 대립했다. 결국 다른 귀족들도 모두 두 패로 갈려 서로를 죽이거나 반대파를 추방하는 대대적인 싸움을 벌인 끝에, 가까스로 제륭이 승리를 거두고 희강왕으로 즉위했지만, 그도 3년 정도밖에 채 버티지 못했다.

희강왕 3년(838) 봄, 정월에 상대등 김명과 시중 이홍 등이 군사를 움직여 난을 일으키고 왕의 좌우 측근들을 죽이니, 왕은 자신이 무사하지 못할 것을 알고 궁중에서 목을 매 죽었다.

이것이 희강왕에 대한 《삼국사기》의 마지막 기록이다. 두어 줄 짧은 글의 행간에 혈흔이 낭자하다. 무장한 반란군이 도성의 왕성으로 쳐들어오고, 마침내 궁궐이 함락되었다. 한 나라의 왕이 목을 매어 자결한다는 것은, 그 나라가 망할 때나 있을 수 있는 일이다. 명나라의 마지막 황제 숭정제가 그랬던 것처럼 말이다. 그만큼 신라의 정권투쟁 양상은 복잡하게 뒤얽혀 있었다. 실제로 반란을 일으켰던 김명과 이홍은 희강왕이 즉위할 때 그를 도운 가장 가까운 측근이었지만, 고작 3년도 지나지 않은 지금 서로에게 칼을 들이대는 관계가 되어버렸으니 말이다. 측근들로부터 처참히 배신당한 희강왕은 소산(蘇山)이란 곳에 묻혔다. 지금 경주군 내남면 망성리에 가면 희강왕의 능이 남아 있는데, 보통 무덤에 비해 조금 크다는 것 말고는 망부석이나 무덤을 둘러친 호석(護石) 하나 제대로 된 것 없는 쓸쓸한 무덤이다. 희강왕을 죽이고 왕위에 오른 김명이 바로 민애왕이다.

　신라 44대 민애왕에 대한 기록은 매우 소략하다. 왜냐하면 그만큼 오래 권좌에 있지도 않았고, 무언가 업적을 남길 만한 시간적, 심적 여유조차 없었기 때문이다. 민애왕이 왕위에 오른 지 2년째 되는 해 정월, 일단의 군사들이 왕성을 향해 밀려왔다. 균정의 아들인 우징이 궁복과 함께 손을 잡고 금성으로 진군해온 것이었다. 궁복은 그 유명한 청해진 대사 장보고를 일컫는 말이다. 그는 약 1만 명에 달하는 군대를 거느리고 있어, 당시 신라에서 가장 강력한 무장 세력이었다. 민애왕은 이찬 대흔(大昕)에게 명하여 맞서 싸울 군사를 급파했지만, 바다와 해적을 상대로 수없이 싸워온 청해진의 정예병들을 당해낼 도리가 없었다. 패색이 짙어지자 혼자 남은 민애왕은 어쩔 줄 몰라 당황하다가 월유택(月遊宅)으로 달아났다. 이곳이 어디인지 정확히 알 수 없지만, 이름에 궁전 궁(宮)자도 아니고 집 택(宅)자가 들어 있다면 이곳은 어떤 정식 관청이나 기관보다는 별장 같은 곳이었을 가능성이 높다. 민애왕은 스스로 희강왕을 죽이고 왕위에 올랐건만, 자신도 결국 빈린자 김우징의 부하들의 칼에 맞아 죽고 말았다.

　이렇게 장보고의 도움을 받아 왕위에 오른 김우징이 곧 45대 신무왕이다. 하지만 그 이후로 평화가 찾아온 것은 아니었다. 신무왕은 즉위한 지 고작 반 년 만에 갑자기 세상을 떴고, 그 아들인 경응이 46대 문성왕으로 즉위했다. 그가 다스리던 치세에도 이찬 김식(金式)과 대흔 등이 반란을 일으키는 등, 결코 평화롭다고 말할 수 있는 세상은 아니었다. 무엇보다도 문성왕은 자기의 아버지가 왕위에 오르는 데 크게 공헌한 장보고의 딸을 왕비로 맞겠다고 약속했다가, 해도인(海島人, 촌사람)의 딸을 왕비로 맞을 수 없다는 귀족들의 반대로 약속을 저버린 탓에 또다시 청해진의 반란을 겪을 뻔 했다. 그러나 장보고의 부하였던 염장을 시켜 장보고를 암살하는 궁여지책으로 반란의 근원을 겨우 제거할 수 있었다. 이렇게 신라 하대는 나라의 살림을 위해서가 아니라 반란 진압을 위해 국력을 모두 소진할 수밖에 없었다.

신라 하대는 왕권에 도전하는 진골귀족들의 세력이 너무나 강력해서 왕조차도 어찌할 수 없었다. 게다가 비가 제때 안 오거나 지진이 일어나는 등 천재지변도 끊이질 않았다. 하지만 정권다툼이 격렬한 상황이고 보면 민생을 돌아볼 겨를이 있을 리 만무했다. 틀림없이 신라는 몰락의 길을 걷고 있었다. 이런 신라의 하대에 대해 단적인 평가가 있으니 바로 《삼국사기》〈신라본기〉 제10권을 끝맺는 마지막 구절이다.

신라의 언승은 애장왕을 죽이고 왕위에 올랐고, 김명은 희강왕을 죽이고 왕위에 올랐으며, 우징은 민애왕을 죽이고 왕위에 올랐다. 지금 그 사실을 모두 기록하는 것 또한 춘추(春秋)의 뜻이다.

역사의 기록을 무서워하라는 말이 있다. 결국 왕 자리를 놓고 벌어진 진흙탕 속의 권력다툼이었다. 인용한 《삼국사기》의 문장도 그 점을 강조한 것이다. 때로 그 싸움은 그야말로 한 치 앞을 내다볼 수 없을 정도였으며, 오늘의 동료나 부하가 내일의 적이 되어 반란을 일으키고 왕위를 찬탈하는 등 엎칠락 뒤치락거리는 형세가 극렬했다. 마침내 반란군에게 벼랑 끝에 몰려 스스로 목매어 죽은 희강왕의 손자인 응렴이 다시 왕위에 올랐다는 것은 신라 하대의 변화무쌍한 정치적 형세를 웅변해준다.

헌안왕과 김계명의 정치적 협상인가

원칙대로라면 응렴의 할아버지인 희강왕이 죽은 후에는 그의 아들이 왕위를 이었어야 한다. 그러나 희강왕 자신도 권력싸움 끝에 가까스로 왕위에 올랐던데다, 왕위에 오른 지 3년 만에 사실상 왕위를 빼앗긴 셈이라서 그리 되지 않았다. 결국 왕위는 희강왕의 아들이자 응렴의 아버지였던 김계명이 아니라 희강왕과 권력다툼을 했던 김우징에게 넘어갔다. 그런 상황에서 처음 김계명의 정치적 입지는 무척 좁았을 것이다.

한참 뒤에는 계명이 문성왕의 여동생과 결혼을 하게 된다. 아마도 문성왕은 이런 결혼을 통해 희강왕의 혈족들을 회유하려 했으리라. 언제 반란이 일어나고 언제 자신이 왕 자리에서 쫓겨나게 될지 모를 불안한 상황에서 편을 들어줄 사람이 절실한 상황이니, 지난 시절의 해묵은 원한을 끄집어내는 것보다는 어떻게든 달래고 위로해서 자기편으로 만들고 싶었을 것이다.

어쨌든 이 결혼을 기점으로, 김계명 — 그러니까 응렴의 집안은 다시 정치적으로 일어설 발판을 마련했던 것으로 여겨진다. 드디어 문성왕 10년(848) 계명은 고위직인 시중으로 임명된다. 이는 곧 희강왕의 자손들이 정치적으로 완전히 재기에 성공했다는 증거인 셈이다.

문성왕은 즉위한 지 19년만인 857년, 중병에 걸리자 훗날 헌안왕이 되는 의정에게 유조를 내려 뒤를 잇게 하고 죽었다. 문성왕의 입장에서 자신의 숙부 의정은 "정치적 경험이 풍부하고 위로는 종묘를 공손하게 받들 수 있고 아래로는 백성을 돌보아 기를 만한 인물"이었다. 왕위를 이어받을 후계자가 없는 상황에서 조카의 왕위를 삼촌이 이어받게 된 것이다.

《삼국사기》 문성왕 대의 기록을 보면, 문성왕이 병이 난 지 열흘 만에 유조를 내렸고, 그 뒤 7일 만에 죽었다고 한다. 17일 만에 죽은 셈이다. 문성왕의 양위는 갑작스러운 일이었고, 때문에 서두른 감도 없지 않아 보인다. 실제로 함께 실린 문성왕의 유조를 들여다보면, 이것은 명령이기 이전에 간곡한 호소로까지 느껴진다.

그대 여러 신하들은 힘껏 충성을 다하고 죽은 사람을 보내고 산 사람을 섬기는 데 혹시라도 예절에 어긋나지 말도록 하라! 나라 안에 널리 알려 나의 뜻을 분명하게 알게 하라!

이렇게 헌안왕은 조카를 이어 왕위를 계승했지만 언제 무슨 일이 터질지 알 수 없게 불안하고 다급한 상황이었다. 왕권은 허약했고 문성왕의 죽음으로 가까스로 안정된 신라의 왕권이 다시 위기에 빠질 수도 있었다. 이런 위급한 상황에서 응렴의 아버지인 계명은 다음 왕으로서 헌안왕의 즉위를 확정짓는 데 큰 역할을 담당한 것으로 보인다. 김계명은 시중의 직책을 맡고 있었는데 그렇다면 그는 국가의 기밀과 정치를 관장하던 집사부(執事部)의 장관이자, 왕의 최고 측근에서 행정을 감독하는 막강한 위치였다.

문성왕에서 헌안왕으로 왕위가 바뀐 다음에도 김계명은 여전히 시중직을 맡고 있었다. 이것은 그만큼 계명의 정치적 위상이 높았고, 선왕이나 새로운 왕 모두에게 필요한 존재였다는 뜻이다. 설사 계명이 헌안왕의 즉위를 직접 돕지는 않았다 해도, 적극적으로 반대 의사를 표명하지 않은 것만으로도 새 왕에게는 큰 도움이 되었을 것이다.

헌안왕은 자신을 도와줄 세력이 절실히 필요했다. 그래서 선택한 사람이 당시 정치권에서 최고 실력자인 계명이었고, 계명의 아들 응렴을 사위로 들인 것도 그런 정치적인 결합의 결과일 수도 있다.

숭복사비명에 따르면 경문왕은 헌안왕의 사위가 된 이후, 정사에 직접 참여했으며 제왕의 권한인 팔병(八柄)을 장악했다고 한다. 응렴을 다음 대의 왕으로 삼으라는 헌안왕의 유조는 응렴의 세력 판도가 어느 정도 잡힌 다음에야 나왔다고 생각된다. 즉위 당시 응렴의 나이를 16세로 가정하고, 정식으로 집권하기에는 나이가 어리므로 응렴의 아버지 김계명이 대신 집권했음을 암시하는 게 아니냐는 의견도 있다.

다른 한편으로, 경문왕의 즉위 자체가 당시 최대 세력가이던 계명의 계획이었다는 말도 있다. 시중 계명은 신라 집권자의 가장 좋은 동료인 동시에, 만일 등을 돌려 적이 된다면 가장 대적하기 두려운 인물이기도 했다. 만약 시중 계명이 헌안왕의 반대 세력으로 돌아서거나 군사를 동원해서 반란이라도 일으킨다면 크게 타격을 입을 것이고, 심한 경우 왕위를 찬탈당할 수도 있었다. 당연히 헌안왕은 계명을 가장 가까운 측근으로 삼아 이리저리 달래고 비위를 맞춰줄 수밖에 없었다.

이러한 사정으로, 헌안왕은 계명의 아들인 응렴을 자신의 후계자 선상에 두었을지도 모른다. 혹은 계명이 헌안왕에게 정치적인 거래를 통해 자신의 아들 응렴을 다음 왕으로 선택할 것을 요구한 게 아니었을까? 계명이 속한 헌정계가 희강왕의 죽음으로 말미암아 왕 자리를 빼앗겼던 과거를 생각한다면 이 또한 크게 무리 없는 상상이다.

어째서 계명 자신이 왕이 되려 하지 않았는가 생각할 수도 있지만 나름의 사정이 있었을 터. 헌안왕은 형인 신무왕과, 조카 문성왕이 죽은 다음에야 왕위를 물려받았으니 정확한 나이는 알 수 없으나 결혼할 만큼 장성한 딸도 있었던 점으로 미뤄볼 때 적지 않은 나이었을 것이다.

실제로 헌안왕은 즉위한 지 5년 만에 세상을 떴다. 병 때문이었다고 기록되어 있지만 이미 즉위했을 당시 고령이었던 사실도 한몫 했으리

라. 한편, 계명의 나이 역시 정확하진 않지만, 시중으로 2대에 걸쳐 일해 왔고 자식인 응렴의 나이를 감안할 때 아마도 헌안왕과 비슷한 연배로써, 당시 기준으론 나이가 많아 직접 왕위를 노리긴 무리가 따랐다.

결국 헌안왕 4년 가을 헌안왕과 화랑 응렴이 만났던 임해전의 연회를 우연이라고만 볼 수 없다. 정치적 관계가 이토록 긴밀하게 얽혀 있던 당시 정치 상황에서는 더더욱 말이다. 어쩌면, 이미 응렴은 헌안왕과 계명 사이에 있던 정치적 협의를 통해 다음 왕위를 계승하기로 암암리에 내정되었고, 헌안왕의 첫째 공주와 결혼은 두 사람의 계약을 실현하기 위한 의식이었을지 모른다. 사위가 장인의 뒤를 이어 왕위에 오르는 다소 애매한 상황에서 사위의 아버지가 왕의 최고 측근인 시중이라면 전폭적인 정치적 지원도 기대할 수 있었으니, 큰 무리 없이 왕위계승이 성사될 수도 있었다.

헌안왕과 김계명, 이 두 사람의 정치적 결합이 화랑 응렴 —경문왕의 즉위라는 작품을 만들어냈다. 그러나 이것은 어디까지나 권력을 잡은 당사자들끼리만의 결정이었다. 이제까지 왕위를 노리던 다른 귀족들이 이런 조치에 불만을 품지 않았다면 그것이 더 이상하다. 헌안왕도 그렇겠지만 오랫동안 시중으로서 권력을 누려온 계명에게는 동지뿐 아니라 적도 많이 있었을 터. 비록 최고 권력자인 왕이라 해도, 이미 혼란해질 대로 혼란해진 신라의 귀족 사회를 온전히 휘어잡을 순 없었고 누군가가 권력의 절대적인 우위를 차지할 수도 없었다. 결국 경문왕의 즉위는 끝이 아닌 시작이었던 셈이다.

왕이 될 수밖에 없는 운명

경문왕은 비록 왕의 아들이 아닌 사위였지만, 헌정계 진골귀족인 희강왕의 손자였고, 아버지이자 시중인 계명의 세력을 뒷받침으로 두고 있었기 때문에, 다른 하대의 왕들에 비하면 어느 정도 명분과 세력을 갖추고 있었다. 하지만 헌안왕이 죽고 경문왕이 왕위를 계승한 뒤로, 많은 진골귀족들은 여전히 왕위를 탐내고 불온한 움직임을 보였다.

앞서 인용했듯이, 최치원이 남긴 숭복사비명에서 '까마귀처럼 모여드는 무리들이 있었다'라고 하는 구절을 보면, 경문왕과 귀족층 사이에 적지 않은 마찰이 있었던 것이 틀림없다.

헌안왕이 사위에게 왕위를 전하겠다고 유조를 내렸지만, 사실 그것만으로 과연 왕위계승과 같은 중대한 사안이 마무리될 수 있었을지는 미지수이다. 당시 신라의 귀족들 중에서는, 조금 과장을 덧붙이자면 왕이 되고자 나설 사람들이 얼마든지 있었다.

실제로, 신라 38대 원성왕이 왕위를 잇게 된 경위를 보면 거짓말 같아 믿기 어렵다. 37대 선덕왕이 왕위를 이을 후계자 없이 죽자, 다음 왕이 누가 될 것인가 하는 문제가 크게 불거졌다. 결국 상대등 자리에 있던 김경신이 많은 경쟁자들을 물리치고 원성왕으로 즉위하였는데, 왕가의 서열로 따지자면 태종무열왕의 6세손이었던 김주원이 훨씬 위였다. 실제로 신하들은 김주원을 다음 왕으로 추대하기로 합의까지 마친 상태였다. 하지만 즉위하기로 한 바로 전날 갑자기 비가 심하게 내려 신라 왕궁과 김주원의 집 사이에 있던 알천(閼川) 혹은 북천(北川)이 크게 불어 다리가 무너지고 말았다. 이 때문에 김주원은 시간에 맞춰 왕성에 들어가지 못했고, 그 사이 먼저 왕성에 들어간 김경신이 신하들의 추대를 받아 대신 왕이 된 것이다.

전하는 이야기에 따르면, 김경신이 '왕이 되리라'는 꿈을 꾸어 일부러 북천의 신에게 제사를 지냈다고도 한다. 하지만, 이것은 아무래도 후세에 꾸며낸 이야기로 여겨진다. 한 나라의 왕씩이나 되는데, 강도 아니고 냇물의 신이 도움을 준다는 게 조금 궁색하다는 느낌이다. 어쨌든 왕의 자리를 선착순으로 결정했다니 문제가 많이 있어 보이지만, 사실 그럴 만큼 정국이 혼란스러운 시절이었다.

학계에서도 이에 대해 의견이 분분한데, 하나는 원래 김주원이 즉위하기로 된 것을 김경신이 신하들을 협박해서 왕이 되었다는 의견이다.

선덕왕 때 무열왕계였던 김주원은 상재(上宰)였고, 내물왕계이던 김경신은 차재(次宰)로 다음 자리였다. 《삼국사기》와 《삼국유사》 모두 다음의 왕으로 귀족들이 추대한 사람은 김주원이었지만, 실제로 즉위한 이가 김경신이었다고 언급하고 있고, 기존의 연구는 김경신이 정당한 계승자 김주원에게서 찬탈을 했다는 방향으로 보고 있다.

다른 의견으로는 귀족들의 지도급 인사였던 김경신이 일찌감치 내정되어 있던 것을 김주원이 밀어내려 했는데, 상대등인 김경신이 귀족들과 밀접한 관계를 통해 더 많은 지지자를 확보하여 결국 경쟁자였던 김주원을 눌렀다는 것이다. 어느 쪽이 옳든 분명한 것은 이들의 차이가 근소했으며, 결국 어느 누구나 왕이 될 수 있었다는 소리다.

어떻게 이런 일이 가능했을까? 신라의 왕족들은 대부분 근친혼을 했고 그러다보니 친척 관계가 이리저리 얽혀 있었다. 당시는 오촌이나 사촌 등 가까운 친족 사이에도 거리낌 없이 부부의 연을 맺었다. 가끔 신라 왕비의 성씨를 박씨 등 다른 성씨로 적은 기록이 있는데, 이것은 동성 간의 결혼을 금기시했던 중국 쪽에 책잡히지 않으려고 왕비의 성을 변조했다고 보는 게 정설로 되어 있다.

실제로 경문왕의 아버지인 계명과 그의 부인인 광화부인은 엄연한 육촌 관계였고, 광화부인이 헌안왕의 조카였으므로, 경문왕의 왕비 영화부인과는 사촌지간이 된다. 즉 경문왕은 헌안왕의 사위이자, 조카의 아들인 셈이다. 이런 일이 신라에만 있던 것은 아니다. 고구려 고국천왕의 왕비 우씨는 남편의 동생인 산상왕과 재혼했고, 고려 4대 임금인 광종과 왕비 대목황태후(大穆皇太后)는 같은 아버지 왕건을 둔 이복남매 사이이기도 했으니 그리 새삼스러울 게 없다.

아무튼 당시 신라의 귀족, 그리고 왕족들은 이처럼 복잡한 혈연관계를 맺고 있었다. 그러니 사실, 왕위계승에 관한 서열을 매기기에도 상당히 어려운 지경이었다. 정확히는 여기에 대한 규정이 마련되어 있었을지도 의문이다. 어느 정도 세력이 있고, 왕족의 피를 이어받았다면 누구든지 왕이 될 기회가 있었던 셈이다. 귀족들이 자주 반란을 일으켰던 이유도 아마 그 때문인지도 모른다. 잘 하면 나도 왕이 될 수 있다는 기대 심리에 위험한 도박을 하고 싶은 마음이 생기지 않을 수 없었던 것이다. 김헌창과 김범문이 대를 이어 반란을 일으킨 이유도 할아버지이자 아버지인 김주원이 왕이 되지 못했던 원한 때문이었다. 이보다 '덜 억울한' 귀족들의 반란도 꼬리에 꼬리를 물었다. 이렇게 어수선하고 혼란스러운 정국 속에서 비록 왕이 유명을 내렸다고는 해도, 왕의 사위라는 명분만으로는 경문왕의 즉위는 현실적으로 어려웠을 것이다.

잠시, 원성왕 이후 신라 왕들의 계보를 혈족관계로 나타내면 다음 페이지의 표와 같다. 선덕왕을 마지막으로 태종무열왕계가 끊기고, 내물왕 12세손으로서 즉위한 원성왕에게는 인겸, 의영, 예영이라는 아들이 셋 있었다. 이중, 주로 왕들을 배출한 가계는 인겸과 예영의 후손들이었

원성왕계 왕위계승표

(38) 원성왕(785~798)
연화부인

인겸
성목태후

(39) 소성왕(799~800)
계화부인

(41) 헌덕왕(809~826)
귀승부인

심지

(42) 흥덕왕(826~386)
장화부인

의종

충공
귀보부인

귀보부인

(44) 민애왕(838~8
운용왕후
조명부인
귀승부인
문목부인

의영

예영

균정
진교부인
조명부인

정계부인

(45) 신무왕(839)

(47) 헌안왕(857~861)

헌정
포도부인
예미

여

(43) 희강왕(836~838)
문목부인

헌안왕릉

├─ (40) 애장왕(800~809)
│   ‖
│   박씨
│   ‖
│   김씨
├─ 예명
└─ 장화부인

            소명부인
            ‖----- (56) 경순왕(927~935)
──────── (46) 문성왕(839~857)

──────── 광화부인

──────── 잉화부인

──────── 김씨녀

──────── 계명
         ‖┬──── (48) 경문왕
         광화부인
              ‖
              영화부인
              ‖
              김씨녀

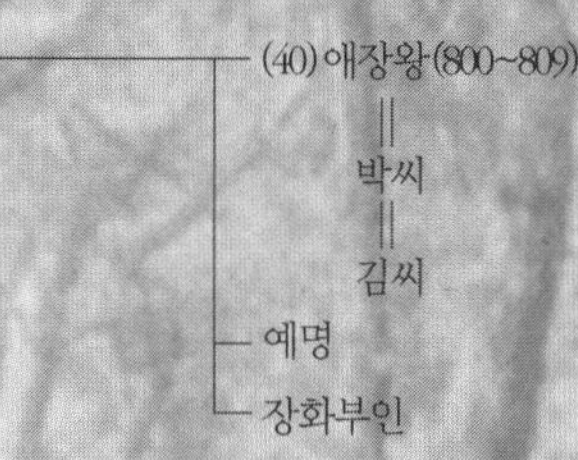

알천 전경

쌍거북 비석 받침, 숭복사터

다. 그래서 보통 인겸의 후손으로 왕위에 오른 사람들을 인겸계라고 하고, 예영의 후손들은 예영계라고 한다. 이렇게 분류할 수 있는 까닭은 이두 집안에서 왕위계승을 독점했기 때문이다. 그러는 동시에 다른 집안들끼리는 맹렬하게 투쟁을 벌였다. 요약하자면 신라 하대는 한 조상을 모신 친척 간 권력투쟁으로 얼룩졌다고 할 수 있다.

즉위 순서로 따져보면, 제일 처음 즉위한 것은 인겸의 아들인 39대 소성왕이었다. 그 뒤로 애장왕에서 흥덕왕까지는 인겸계가 왕좌를 독점한다. 그러나 흥덕왕이 자손이 없이 죽자 처음으로 왕권이 예영계로 넘어가게 된다. 경문왕의 할아버지인 희강왕이 바로 그 주인공이다.

하지만 그간 네 명의 왕을 배출해온 인겸계의 반격도 만만치 않았다. 반란군의 우두머리였던 김명이 44대 민애왕으로 즉위하게 되고, 다시 인겸계가 왕권을 잡는다. 한편, 예영계도 곧 예영의 두 아들이었던 균정계와 헌정계로 나뉘었는데, 희강왕은 헌정계였다. 사실 흥덕왕이 승하한 직후인 836년, 헌정계 제륭(悌隆)과 예영계 균정(均貞)이 이미 왕위를 놓고 다툰 적이 있었다. 이후, 균정의 아들이었던 우징은 인겸계였던 민애왕을 축출하고 신무왕으로 즉위했다. 이렇게 신문왕의 아들이었던 문성왕에서 동생인 헌안왕에 이르기까지 균정계가 왕권을 독점하였다.

그런데 여기에서 문제가 생긴 것은, 균정계가 인겸계와 마찬가지로 후사가 없다는 점이었다. 신무왕의 세자는 일찍 죽었고 헌안왕에겐 아들이 없었다. 그리하여, 결국 그나마 가장 가까운 예영계 혈족이었던 헌정계의 응렴을 다음 후계자로 삼았던 것이다. 결국 응렴의 왕위계승은 설화에서 보이는 것처럼 헌안왕이 '우연히' 연회에서 만난 젊은 화랑이 마음에 들어 사위로 선택했다기보다는, 철두철미한 정치적 관계와 왕조의 계보를 따져 결정한 결과일 수도 있다.

물론 꼭 그 때문은 아니더라도, 왕권을 노리는 다른 '계'들로부터 왕권을 지켜내려면, 한때 대립했던 균정계와 헌정계라 할지라도 이제는 예영계라는 하나의 핏줄 안에서 서로 단합할 필요성이 있었다. 문성왕의 누이 광화부인이 육촌인 계명과 결혼한 것은 이런 단합을 공고히 한다는 측면이었다. 그리고 경문왕은 이를 좀 더 확고히 하기 위해 헌안왕의 딸 영화부인과 결혼했다. 결국 헌안왕이 경문왕에게 왕위를 물려준 것은 각각 예영계에서 갈라져 나왔던 균정계와 헌정계의 단합, 혹은 권력이양의 결과로 볼 수 있다. 때문에 경문왕의 즉위는 균정계와 헌정계, 더 나아가 예영계를 지지하는 당시 정치 세력가들의 비호를 받을 수 있었다고 본다.

이제까지 경문왕의 집안과 혈통에 대해서 이야기했다. 이렇게 본다면 경문왕의 즉위는 철저한 정치적 계산을 바탕으로 가능했음을 알 수 있다. 그러나 또 한 가지, 경문왕 그 자신만이 가졌던 조건을 간과해선 안 된다.

경문왕은 단순한 귀족의 일원만이 아닌, 화랑이었다. 경문왕은 젊은 시절 화랑이면서, 최고위였던 국선을 맡고 있었다. 앞서 밝혔듯이 화랑은 신라의 젊은이들이 모여 수련과 공부를 함께 하는 집단이었으나, 신라 중대를 거치면서 점차 성격이 변질되었다. 그래서 당대의 화랑은 젊은 귀족 청년들의 정치적 도당이 되어버렸고, 정치적 활동뿐만 아니라 좀 더 효율적으로 권력을 손에 넣기 위해 자기들끼리 정치적 세력을 구축하는 데 이르렀다. 지금으로 치면, 하대의 화랑은 청년당 정도로 비유할 수 있을 것 같다.

그러던 중에 화랑이었던 응렴이 왕으로 즉위하게 되었으니, 당대 젊은 화랑들의 전폭적인 지지를 받았음을 쉽게 짐작해볼 수 있다. 즉, 경문왕 자신이 새롭게 정계에 진출하는 화랑으로써 젊은 귀족들의 상징적인 존재가 되었을 것이다. 실제로도 《삼국유사》의 기록을 참조하면, 경문왕 시대에 화랑 세력이 정치에 참여한 흔적이 그 어느 때보다도 두드러진다. 당시에 화랑들이 정치에 적극적으로 참여했으며, 경문왕 역시 그런 화랑 세력을 인정해주었다는 말이 된다.

화랑들의 정치 참여는 과연, 무엇을 의미하는가? 전부가 그런 것은 아니지만, 예나 지금이나 세대 간 갈등은 어쩔 수 없는 시대의 순리인 법이다. 젊은 세대는 대개 기성세대에 반발하며 개혁 성향을 강하게 가진다. 물론 세상 물정 모르고 막무가내로 일을 저지를 수도 있지만, 젊은이들이 뭉치면 신중한 장년층을 압도할 정도의 활력이 나오기도 한다. 이들은 갓 즉위한 젊은 임금인 경문왕의 막강한 전위 세력이 되어주었을 것이고, 이제까지의 진골귀족들과 다른 새로운 정치 시도를 하였을 가능성이 높다.

경문왕이 즉위한 것을 못마땅하게 생각한 세력도 있겠지만, 그 일을 계기로 경문왕을 지지하고 정계에 입문하려는 사람들이 당연히 생겨났다. 경문왕은 왕위쟁탈전에서 희생당했던 희강왕의 후손 —헌정계 사람이었다. 희강왕의 손자로 진골귀족이긴 했지만, 이 같은 진골귀족들 간의 정치투쟁에 휘말린 피해자로서 진골들의 세력에 반감을 가졌을 가능성이 높았고, 실제로도 경문왕은 진골귀족들의 세력을 억제하려는 시도를 계속했다.

요즘 말로 하자면 개혁 성향의 경문왕의 즉위에 맞춰 새로이 발돋움하려는 세력들이 그의 주변에 모여들어 협력했을 것이고, 이들은 당시 기득권자였던 진골귀족에 반발하는 화랑, 승려, 그리고 육두품들이었다. 굳이 비유를 하자면, 즉위한 당시 경문왕은 태풍의 눈이었다. 앞으로 그가 선택할 길과 그의 행보에 따라, 신라의 운명이 어떻게든 정해질 것이었다. 결국, 경문왕은 신라 왕가의 전통을 이으면서도 혁신을 추구하는 세력을 대표했다. 이른바 신라의 다음 대를 이으면서 새로운 시대를 만들어내기에는 충분한 조건을 갖춘 셈이었다. 이제 남은 것은 그가 어떻게 왕으로서 그 책임을 다하느냐에 달려 있었다.

3. 수신제가에서 평천하까지

《삼국유사》에 실린 경문왕 이야기를 액면 그대로 믿는다면, 경문왕은 벼락출세한 행운아라고 해야 한다. 과연 그러한가. 역사라는 잣대로 설화를 해체하고 나면 경문왕의 즉위는 당연한 결과였다. 지리멸렬한 왕가를 하나로 묶고, 민심을 무마하고자 선종의 승려들을 끌어들였다. 실라를 앞세운 외교 활동도 왕의 노력의 산물이었다. 그렇다면 경문왕의 귀가 당나귀 귀라는 이야기는 어떻게 된 걸까. 그것은 '만들어진 역사'였다. 누가, 그리고 왜?

王之寢殿 每日暮 無數衆蛇俱集 宮人驚怖 將驅遣之 王曰 "寡人若無蛇 不
得安寢 宜無禁" 每寢吐舌滿胸鋪之

—《삼국유사》 권2, 〈기이〉 2, 48대 경문대왕조

　왕의 생전에 왕이 늘 거처하는 전각에는 매일 저녁이면 수많은 뱀이 무리로 모여들므로 대궐에서 일보는 사람들이 겁을 내어 이를 쫓아내려고 하니 왕이 말하기를, "짐은 곁에 뱀이 없으면 편히 잘 수 없다. 부디 쫓지 말라" 하였다. 왕이 잘 때는 뱀이 언제나 혀를 토해내어 가슴 위가 가득 차도록 늘이고 있었다.

먼저 가족을 다스린다

공자의 가르침을 모아놓은 경전인 《대학》에 이런 말이 있다.

“수신제가치국평천하(修身齊家治國平天下).”

나 자신을 가다듬고 난 후에 집안이 바로 잡히고, 집안이 바로잡힌 후에야 나라가 다스려지고, 그런 뒤에야 천하가 편안해진다는 말이다. 사실이 그렇다. 모든 일에는 순서가 있고 절차가 있다. 이 말을 우리의 주인공 경문왕의 사정에 대입해보자.

어느 왕에게나 천하를 편안하게 하는 것은 중요한 목적일 텐데, 그러기 위해서는 어떻게 해야 할까. 수신(修身)은 경문왕 자신의 문제로써 스스로 노력해야 하는 것이다. 그 다음으로 집안을 다스리는 제가(齊家)야말로 어지러운 시기에 왕이 된 경문왕에게 매우 중요한 일이었다. 여기서 경문왕의 집안이란 바로 신라 하대의 다른 계열 왕족들을 포함한 왕가(王家) 전체였다. 특별히 '계열'이라고 한 까닭은, 전술한 대로 당시 신라의 왕족들이 여러 파벌로 나뉘어져 첨예하게 대립했기 때문이다.

《삼국사기》는 경문왕이 즉위한 첫해에 있었던 일로 왕이 무평문에 나서서 죄인들을 사면했다는 것만을 적고 있다. 이것은 새로 즉위한 왕으로서, 백성들에게 은덕을 베풀고자 시행한 일로 다른 왕들도 자주 벌인 일이었다. 하지만 사서에 기록되지 않은 대단히 중요한 일이 있었으니 바로 숭복사를 재건한 것이다.

숭복사는 현재의 경주시 외곽에 있는 외동읍 말방리, 토함산 기슭에 있던 절이다. 한때 이곳에는 듬직한 절이 세워져 있었겠지만, 수천 년이 흐른 지금은 건물은 없어지고 오직 주춧돌만 남았고, 감나무 밭 사이로 동서 양쪽에 세워졌던 두 개의 탑만이 자리를 지키고 있다. 그나마 동탑은 비바람에 깨지고 무너져버린 것을 다시 세운 것이고, 서탑은 도굴꾼들이 폭약으로 폭파시켜 산산조각이 나서 새로 쌓아올렸다. 그래도, 이곳 절터에서는 많은 유물들이 발견되어 건립 당시에는 이 절이 웅대한 규모를 갖춘 절이었음을 짐작케 하는데, 이곳의 지세 및 금당지ㆍ동서 양탑지ㆍ석단 등은 그 규모나 배치에 있어 불국사와 흡사하다.

이 절이 더욱 유명해진 이유는 경문왕의 딸인 신라 51대 진성여왕 때의 유명한 학자이자 문장가인 최치원이 쓴 '숭복사비명'이 남아 있기 때문이다. 그 비명의 정확한 명칭은 '유당신라국초월산대숭복사비명

(有唐新羅國初月山大崇福寺碑銘)'이다. 이 비명 혹은 비석은 1930년대부터 지금까지, 이곳의 절터와 인근 골동품 가게에 이르기까지 이곳저곳에서 10여 개의 비석 조각으로 발견되었는데, 여기에 새겨진 내용들이 최치원이 지었다고 전해지던 사산비명(四山碑銘) 중 하나인, '대숭복사비(大崇福寺碑)'의 글과 같았다. 이 같은 고고학 발굴 결과와 문헌이 일치됨으로써, 한때 말방리사지라고 불렸던 이 절터가 숭복사라는 것이 입증되었을 뿐 아니라, 《삼국유사》의 기록을 토대로 하여 이곳 가까이에 있던 능원인 괘릉이 원성왕의 무덤이라는 것도 입증되었다. 그런데 어째서 경문왕은 즉위한 첫해에 숭복사를 수리하려 했던 것일까? 그것은 바로 이 숭복사가 원성왕을 추모하기 위해 세워진 절이기 때문이다. 《삼국유사》에 보면 숭복사는 본래 곡사(鵠寺)라는 이름으로 신라 선덕왕 이전에 파진찬 김원량(金元良)이 창건했던 것인데, 원성왕이 승하하자 그 절이 있던 자리에다 능을 만들고, 절은 지금의 숭복사지 위치로 옮겼다고 한다.

앞에서 살펴봤듯이 38대 원성왕이 즉위하면서, 이제까지 신라의 왕위를 독점해오던 태종무열왕계를 대신하여 원성왕의 후손들이 그 뒤를 이었다. 그후로 원성왕계는 경문왕이 즉위할 때까지 약 60여 년 동안 각 파벌 간에 치열하게 세력 경쟁을 벌였다. 이제 경문왕은 예영계의 균정계와 헌정계의 단합을 상징하는 존재로서, 신라 왕족들의 싸움을 종식시켜야 할 의무가 있었다. 의무라고 하기 이전에, 왕으로서 자리를 지키고 살아남기 위해서도 반드시 하지 않으면 안 될 일이었다. 조각조각 나뉜

귀족 파벌들을 하나로 묶기 위해 경문왕이 내세운 것이 바로 하나의 조상이었다. 서로 왕위를 차지하기 위해 치열하게 싸워온 이들은 모두 그들, 원성왕이라는 한 조상의 후손들인 것이다. 그런 의미에서 경문왕은 모두의 조상인 원성왕을 모신 숭복사를 대대적으로 수리했다. 숭복사비명에는 경문왕이 원성왕의 후손이며, 그의 정통성을 이어나간다는[祖業] 언급이 여러 차례 나온다.

> 가시덤불을 없애고 산 지형을 찾아냈으며, 띠집과 섞인 채로 바람과 비를 피하면서 겨우 육기(六紀)를 넘기고 아홉 왕을 지나 문득 넘어짐을 당하였으니 미처 수리하지 못했다.

이는 숭복사비명에 적힌 내용의 일부로, 경문왕이 수리하기 전 숭복사의 상태를 묘사한 글이다. 비록 이 비명은 후대인 진성여왕 시대에 작성됐지만 경문왕 대로부터 그리 멀지 않은 시기였으니 어느 정도 사실에 가깝게 적었을 것이다. 당시 숭복사의 모습은 꽤나 처참했던 것 같다. 이렇게 되기까지 아홉 왕이 지났다고 했는데 이것은 수성왕 이후 헌안왕까지의 시기를 가리킨다. 하지만 반란이 거듭되고 사회가 어지러워지면서, 고작 60년이 지난 뒤였는데도 저런 지경이 된 것이다. 한 나라 왕을 위해 세워진 절이, 그것도 후손들이 대대손손 왕위를 계승하고 있는데도 그런 지경이 되어버렸으니 한심하다면 한심한 노릇이다. 그만큼 정치적 혼란이 극심했다는 사실을 반증하는 게 아닐까. 그래서 갓 즉위한 경문왕은 숭복사를 수리하고 증축하여, 조상의 명복을 빌어 나라가 온전하기를 기원했다. 덧붙여 그가 대역사를 시작하게 된 이유는 꿈속에서 선조 원성왕을 만났기 때문이라고 한다.

> ……꿈에 성조 원성대왕을 뵈온 즉 어루만지면서 말하기를, "나는 너의 선조이니라. 네가 불상을 세우고 나의 능역을 꾸며 호위하고자 하는 데, 조심하고 삼갈 것이며 일을 서두르지 마라. 부처님의 덕과 나의 힘이 네 몸을 감싸줄 것이니 진실로 중도를 잡아 하늘이 주는 복록을 길이 미치도록 하라"고 하셨다.

경문왕이 정말로 그런 꿈을 꾸었는지 어쨌는지는 알 수 없다. 어쩌면 아예 꾸며낸 이야기일 수도 있다. 아무튼 그는 이 꿈을 명분으로 삼아, 조상에 대한 공경심을 살린다는 기치를 내걸고 숭복사의 보수를 추진했다. 한편으로 원성왕이 꿈에 나타났다고 한 것은 경문왕 자신이 원성왕에게 후계자이자 신라의 왕으로 인정받았다는 뜻도 담고 있다. 균정계든 인겸계든 경문왕의 즉위에 반대하고 왕위를 노린다 하더라도, 어쨌든 원성왕의 후손이었으니 지금 우리들이 생각하는 것 이상으로 숭복사 재건은 큰 의미를 가졌을 것이다.

숭복사비명은 숭복사를 수리하고 중건하는 과정을 자세히 전해준다. 그러면서 거듭 이 토목공사가 하늘과 조상이 직접 허락한 것이며, 경문왕은 지극히 효성스러웠고, 관리와 백성이 모두 마음을 합하여 마침내 훌륭하고 아름다운 건물을 지었다는 것을 강조한다. 경문왕은 "어버이를 사랑하지 않는 것은 경전에서 가장 경계하는 바이다. '어찌 네 조상을 생각하지 않으랴' 고 하는 시(詩)를 어찌 잊겠는가?"라고 언급했다는데 이 말에 대해 종친이자 대신이었던 계종과 훈영은 "전하의 소원이 신명을 감동시켜 자애로운 선조의 영께서 꿈에 나타나셨는 바, 진실로 왕의 뜻이 정해졌고 이로써 중의(衆議)가 모두 같은 것으로 나타났으니 절이 이루어지면 구친(九親)에게 기쁜 일이 많을 것입니다"라고 대답했다.

종친이라고 해도 이들 계종과 훈영이 정확히 어떤 계열인지는 자료가 없어 알 수 없지만 당시 원성왕의 후손들이 경문왕의 뜻에 따라 숭복사의 수리에 동의하고 협력했다고 보아도 좋을 듯 싶다. 조금 더 상상력을 발휘해보면, 이들 계종과 훈영은 경문왕이 속한 예영계는 아니지만 같은 원성왕계인 인겸계 사람이었을 수도 있다.

어쨌든 이후 본격적으로 절의 보수가 진행되면서 왕족들이 다수 참여했음을 비문을 통해 확인할 수 있다. 종실의 어진 세 사람 단원, 육영, 유영이 일반 승려 및 고승들과 더불어 절의 보수공사를 감독했다는 기록이 있다. 이런 점으로 미루어본다면, 숭복사를 수리함으로써 같은 원성왕의 후손들인 왕족들을 한데 묶으려 했던 경문왕의 의도는 일단 소기의 성과를 거둔 듯하다. 숭복사비명에 이처럼 자세하고 구구절절한 역사의 과정과 내용을 적은 것도, 그만큼 이 일이 중요했기 때문이리라.

과연 경문왕이 집안을 다스린다는 제가(齊家)의 염원을 들어 고친 절의 모습은 어떠했을까. 숭복사의 모든 건물이 송두리째 없어지고 기둥을 받치던 주춧돌만 드문드문 남겨진 지금의 절터에서는 천 년 전의 화려한 모습을 떠올리기가 쉽지 않다.

겹으로 된 불전은 용이 서린 듯한 가운데에 노사나불(盧舍那佛)을 주인으로 모셨으며, 층층 누각엔 봉황이 우뚝 서서 그 위에 수다라(修多羅)라고 이름하였다. 고래등 같은 마룻대를 높이 설비하고 난새 같은 난간을 마주 보게 하며, 비단 같은 천장에 꽃을 포개었고 수놓은 주두엔 곁가지를 끼우니 날개를 솟구쳐 날아갈 듯하여 볼 때마다 눈이 아찔하도다.

비명에 전하는 숭복사의 옛 모습이다. 글쓴이는 신라와 당나라 양국에서 명문으로 이름을 날렸던 최치원이다. 명불허전(名不虛傳)이라는 말대로 천 년 전의 글이건만 지금 보아도 문장에 절도가 있고 흐름이 매끄러워 읽는 사람이 빨려들 것 같다. 숭복사는 다시 볼 수 없지만 지금까지도 여전히 빛을 잃지 않고 살아 있는 문장이 영원히 사라진 천 년 전 사찰의 웅장했던 모습과 그로써 왕족들을 단합시켜 나라를 안정시키고자 부심했던 경문왕의 염원을 우리에게 속삭여주는 듯하다.

치국의 길, 부처를 내 편으로

경문왕이 왕족들을 단합시키려는 노력을 통해 집안을 다스렸다[齊家]고 한다면, 그 다음 문제는 나라를 다스리는 치국(治國)이었다. 경문왕은 숭복사를 수리한 다음, 즉위한 지 3년째 되던 863년 9월에 동화사(桐華寺) 비로암에 민애왕을 위한 삼층석탑을 세웠다.

국왕은 삼가 민애대왕을 위하여 복업을 추숭하고자 널리 석탑을 조성하고 기원한다. ……엎드려 생각건내 민애내왕의 이름은 명이며 신강대왕의 맏아들로 금상의 노구였다. 개성 기미의 해(839) 정월 23일 창생을 버리니 춘추가 겨우 23세였다.

아무리 봐도 이는 민애왕의 생애를 최대한 미화해서 좋게 표현한 것이다. 경문왕의 선조와 민애왕의 쓰라린 관계를 생각한다면 이렇게 밖에 표현할 길이 없다. 경문왕은 민애왕이 왕위를 빼앗고 죽인 희강왕의 손자인데도 할아버지의 원수에게 탑을 세워주고 혼을 위로한 것이다. 은혜를 원수로 갚는다는 말이 있는데, 도리어 경문왕은 원수를 은혜로 갚은 셈이다.

물론 이 일은 다분히 정치적인 목적에서 벌어진 일이다. 아무리 할아버지의 원수라고 해도 왕이 된 이상, 오히려 원수를 극진히 대접하고 자기 편으로 끌어들여 나라 안의 화합을 도모해야 했다. 이 모든 일은 그 당시까지도 예영계와 인겸계의 갈등이 온전히 가라앉지 않았음을 암시한다. 그래서 경문왕은 할아버지를 죽음으로 몰고간 민애왕을 추숭하여 인겸계와 화합을 모색하고 그들과 힘을 합치려 했으리라. 다른 한편으로는 경문왕에게 반발하는 예영계 사람들을 견제하기 위해 도리어 예영계와 대립하고 있던 인겸계 사람들을 자신의 편에 끌어들이려는 고도의 정치적 의도도 깔려 있었다.

하지만 단순히 그뿐이었을까? 이곳 동화사의 민애왕 삼층석탑에서 발굴된 사리그릇에는 바로 여기에 대한 '사연'을 담은 금석문이 새겨져 있다. 비록 오랜 세월이 흐른 탓에 손상된 글자가 많아 읽기 어렵지만, 이 탑이 세워진 이유를 어렴풋이나마 짐작케 하는 대목을 찾을 수 있다.

엎드려 비옵건데……,
이 공덕으로……,
오탁(五濁)의 연을…….

공백으로 남긴 부분은 글자가 손실된 부분이다. 완전한 문장으로 보기 어렵지만 과연 오탁의 연을 어떻게 한다는 것일까? 불교는 본디 윤회, 그리고 인연의 맺고 끊음을 중요하게 여긴다. 오탁을 풀이하면 ‘다섯 가지 더러움’을 뜻한다. 더러움과의 인연이란 결코 함께 있어 좋은 것이 아니다. 그러니까 글자가 지워진 곳에 들어갈 말은 아마도 ‘끊는다’일 것이다.

불교에서 오탁은 겁탁, 견탁, 번뇌탁, 중생탁, 명탁을 이르는데 이 때문에 세상이 어지러워져 전쟁이 벌어지고, 그릇된 견해가 넘쳐나고, 탐욕과 분노로 세상이 탁해지고, 사람들이 탁해져서 사회가 나빠지고, 나빠진 세상 탓에 사람들의 수명이 점점 짧아지게 된다고 한다. 그리고 이런 다섯 가지 나쁜 것이 있기에 악세(惡世), 곧 말세라고 했다. 즉, 이 탑을 세우고 사리그릇에 글을 새긴 사람은 자신이 살았던 그 시대가 세상의 종말이라고 믿은 것이다. 당시 신라 하대의 혼란스러운 정국을 생각한다면, 이런 생각도 아주 허무맹랑하게만은 느껴지지 않는다. 결국 민애왕 삼층석탑은 반드시 민애왕만을 위해 세워진 것이 아닐 것이다. 도리어 당내에 널리 퍼져 있던 종말론, 그러니까 미륵신앙을 염두에 둔 것일 수가 있다.

세상은 고해(苦海)다. 백팔 번뇌는 끊임없이 인간을 괴롭히고, 뒤얽힌 인연은 미련과 집착을 낳는다. 하지만 언젠가 미륵불이 나타날 것이다. 그때 이 세상은 낙원으로 변하고, 중생들은 고통에서 구제될 것이다. 이것이 바로 미륵신앙으로, 세계와 인간의 궁극적인 운명을 말하는 종말론의 성격을 가지고 있었다.

경문왕이 즉위할 무렵, 미륵신앙은 신라 전국에 퍼져 있었고 특히 하층 농민 계급에게서 큰 호응을 받았다. 현실도피적인 종교가 유행했다는 것은, 다른 한편으로 그 사회가 얼마나 어지러웠는가를 보여준다. 그렇지만 이런 종말론의 유행은 국가를 통치함에 있어 반길 만한 것이 전혀 아니었다. 어차피 세상이 망할 것이라고 생각한다면, 현실에 대한 어떤 의욕도 잃게 되고 마침내 나라와 세상이 모두 무기력해져버린다. 더군다나 당시의 미륵신앙은 순수한 종교이기에 앞서 멸망한 백제를 되살리려는 움직임도 함께 얽혀 있었다.

미륵불을 직접 만났다고 해서 이후 미륵신앙을 대표했던 진표라는 승려는 백제 유민 출신이었고, 그가 신앙의 중심지로 삼았던 곳은 지금의 전라북도 지역인 모악산 금산사로, 신라의 중심지와는 멀리 떨어진 곳이었다. 따라서 미륵신앙의 유행은 곧 반 신라적인 민심이 증가했다는 것으로 보아도 크게 무리가 없다. 유민들이 믿기 때문이 아니라 신라라는 나라 자체를 '곧 멸망할 세계'로 본 신앙이니 말이다. 훗날 후고구려를 세운 궁예가 미륵을 자칭했던 것은 미륵신앙의 힘이 얼마나 강성했는지를 보여주는 하나의 예다.

이런 미륵신앙의 유행이 신라로서는 전혀 달가울 리 없었다. 하지만 종교는 국가권력으로 어떻게 할 수 있는 것이 아니다. 로마제국조차 크리스트교의 탄압에 실패하지 않았던가. 실제로 경문왕은 미륵신앙을 탄압하기보다는 포용하는 쪽으로 정책을 펼쳤다. 아무래도 예전에 화랑이었던 그의 경력이 크게 작용했다고 여겨진다. 즉위하기 전 경문왕은 불교와 밀접한 관계가 있는 화랑으로서 전국을 돌아다니면서 미륵신앙이 각지에 유행하는 모습을 직접 보았기에, 더 이상 막는 게 능사가 아니라는 판단을 내렸을지도 모른다.

경문왕이 삼층석탑을 세운 동화사는 민애왕을 모시는 사찰인 동시에 미륵신앙을 전파하고 수행하던 곳이었다. 당시 이 절의 주지였던 심지(心地)는 흥덕왕 7년(832)에 이 절을 중창했고, 사실상 미륵신앙의 근간이 되었던 진표의 불골간자(佛骨簡子, 진표가 얻었다고 전하는 미륵보살의 뼈)를 이어받은 후계자이자, 헌덕왕의 아들로 신라 왕족 출신이었다. 귀족이면서 승려인 그의 출신성분으로 미루어볼 때 심지는 실제로 미륵신앙을 전파한다기보다는 그것을 억제하고 관리하는 역할을 담당했다고 생각된다. 이미 널리 유행하고 있는 미륵신앙을 근절하는 것은 불가능에 가까웠고 탄압하는 데에도 무리가 있었지만, 포용이라는 형태로는 국가가 관리할 수 있었다. 그 구체적인 방안이 바로 신라 왕족 출신이 미륵신앙의 후계자가 되는 것이리라. 따라서 경문왕은 표면적으로는 동화사에 민애왕 추숭을 위해 석탑을 건립했지만, 그 이번에는 미륵신앙의 국가적 수용을 꾀하려는 의도가 있었던 것이다. 어쩌면 후에 경문왕이 궁예의 아버지라는 소문이 돌았던 까닭은 미륵신앙과 경문왕이 이런 연관이 있었기 때문이 아니었을까 생각한다.

한편으로, 경문왕은 선종에도 큰 관심을 쏟았다. 선종은 말없이도 뜻이 통한다는 이심전심의 교리를 가진 불교의 일파로 지금의 조계종은 여기에서 갈려져 나온 갈래에 속한다. 전하는 바로는 석가모니의 제자였던 가섭에게서 시작되었다고 하는데, 우리에게는 가랑잎을 타고 바다를 건넜다는 달마대사의 이야기가 좀 더 친근하게 다가온다.

처음 중국을 통해 불교라는 종교가 전파된 이후, 통일신라시대까지 한반도에 가장 널리 퍼져 있었던 불교의 종파는 경전의 해석을 중요하게 여기는 교종이었다. 그에 비해 상대적으로 선종은 참선을 통해 개인이 깨달음을 얻는 것을 중요하게 생각하였는데 중앙 귀족들보다는 일반 민중들에게 큰 호응을 얻었다. 신라 하대 때 당나라에서 유학하고 돌아온 선승들은 지방의 유력한 호족들의 도움을 받아, 많은 신도들을 이끌고 세력을 늘렸다. 중앙에서는 진골귀족들이 정권다툼에 몰두하는 동안, 지방에 근거를 둔 호족들이 빠르게 성장해나갔다. 시간이 흐르면서 선종의 승려들과 호족 세력은 서로 굳게 결합하여 독자적인 세력을 구축했고, 이로써 중앙정부의 통제에서 지방 세력이 벗어나는 결과를 초래했다. 마침내 이것은 신라 멸망의 중요한 요인이 되었다. 물론 경문왕 당시에는 이런 조짐들이 그다지 뚜렷하지는 않았다. 그러나 점차 커져가는 선종 세력에 대해 불안함을 느꼈던 지혜로운 사람이 하나 둘쯤은 있었을 것이다. 바로 경문왕이 그러했다.

"어째서 산림을 가까이 하시면서 도성을 멀리하십니까?"

성주사의 낭혜화상 탑비문에 적힌 글이다. 871년, 경문왕이 선승(禪僧)으로 이름난 낭혜에게 이 같은 내용의 교서를 보낸 것이다. 결국 낭혜는 이 교서를 받고 즉시 서울에 도착했고, 경문왕은 몸소 그를 맞이하여 국사로 책봉했다고 한다. 인용한 비문에서 보듯 낭혜가 가까이 했던 산림이 지방을 뜻한다면, 도성은 곧 중앙정부였다. 지방 세력과 가까이 지내는 선종 세력을 중앙에 협력하게 하기 위해 선승을 국사에 임명한 것이다. 경문왕은 미륵신앙 세력에게 그랬던 것처럼, 선종 세력에도 회유정책을 펴는 한편, 가능하면 국가의 관리 밑에 두려고 했다.

낭혜에 앞서, 경문왕은 당나라에서 귀국한 선승 원감현욱을 고달사에 정착하게 했고, 약품과 향을 공양하는 한편 계절에 따라 옷을 보시하기도 하는 등 지극한 정성을 쏟았다. 뿐만 아니라, 성주산문 출신인 선승 원랑대통을 충주 월광사의 주지로 임명했고, 실상사의 수철화상을 불러 선종과 교종의 같은 점과 다른 점이 무엇인지 물어보기도 했다. 이러한 경문왕의 적극적인 불교 정책은 회양산문의 개창자인 지증도헌과 있었던 일화에서 좀 더 잘 나타난다. 봉암사의 탑비문을 보면, 경문왕은 낭혜에게 그랬던 것처럼 지증도헌도 서울로 불러들이려 하였나. 하시만 시증도헌은 왕의 부름을 거절하며 이렇게 답했다.

"나무를 새로 고르라는 말씀은 참으로 저를 위하여 말씀해주신 것이니, 진흙 속에 있기를 허락하시고 저로 하여금 부름을 피해 다른 곳으로 가지 않게 하여주십시오."

완곡한 비유를 들어 말했지만, 왕의 요청에 대한 거절의 뜻을 분명히 담고 있다. 오히려, 자신을 굳이 진흙 속에 있게 내버려두라는 말투에서 냉소적이라는 느낌마저 든다. 하지만 이 정도로 경문왕은 물러서지 않았다. 경문왕은 자신의 여동생인 단의장옹주를 통해 지증도헌을 현계산 안락사로 이거시켰다. 그리고 이 절에 많은 재물을 시주하게 하고, 결국 지증이 본래의 근거지를 떠나 다른 곳에서 교화활동을 하게 만들었다.

지금까지 여러 예들을 종합하면, 경문왕의 의도가 한층 분명하게 드러난다. 당시 지방에서는 선승들이 차지하는 영향력이 적지 않았을 것이고, 이들이 중앙정부에 반감을 가진 지방 세력과 결합할 가능성이 있었을 것이다. 그래서 경문왕은 국사라는 지위를 이용하여 그들을 중앙으로 불러들였으며, 재물을 시주하고 회유하되, 말을 듣지 않을 경우 여러 방법을 동원하여 근거지를 버리고 다른 곳으로 옮기게 했다. 선종이 지방 세력과 결합하는 것을 막고, 그들을 직접 관리하여 자신의 편으로 끌어들이고 직접관리하려 한 것이었다. 왕의 뜻에 반대하던 지증도헌을 다른 곳으로 옮겨가게 한 것은 경문왕 재위 4년째 되던 해의 일이었다. 선종 세력을 왕의 세력 밑에 묶어두려는 경문왕의 뜻에, 불교계는 어느 정도 불만을 가지기도 했지만 그럭저럭 따라갈 수밖에 없었다.

옛날의 영광을 되살려라

왕권 강화와 정권 안정에 대한 경문왕의 노력은 계속되어, 즉위한 지 12년 되는 해에는 황룡사탑을 수리했다. 진흥왕 대부터 축조되기 시작한 황룡사는 신라에서 제일 가는 사찰로 여겨졌고 9층 목탑과 장륙존상 등 신라의 세 가지 보물 중 둘을 가진 중요한 사찰이었지만, 1238년 몽골의 고려 침입 때 절과 탑이 모조리 불타버려 영원히 사라져서 아쉽기 그지없다. 이곳 벽 어딘가에는 새들이 진짜 나무로 착각하고 날아들다가 머리를 부딪쳤다는 솔거의 소나무 그림도 있었다.

황룡사는 예부터 신라 왕실의 호국불교 정책의 중심지 역할을 했다. 백좌강회와 간등이 여기서 벌어졌고, 황룡사의 사주는 진골귀족이 되는 것이 오랜 관례였다.

황룡사 9층목탑은 선덕여왕 때 만들어졌다고 한다. 전설에 따르면 당

신라 제일 가는 사찰, 황룡사.
경문왕은 황룡사를 중수하면서,
삼국을 통일하던 그때로
돌아가고자 염원했을 것이다.
하지만 그가 평천하를 위한 치국의 한 방안
보수한 황룡사 9층목탑이
고려시대 몽골의 침입으로
소실되고 현전하지 않아 아쉬움을 짙게 남

도깨비 무늬 기와

망새

용무늬 전(塼)

청동 사리기

황룡사지 터

황룡사터 전경

나라에 유학하던 자장법사에게 신인이 나타나 "황룡사 호법용은 나의 장자(큰아들)로서 그 절을 보호하고 있으니 절에 9층탑을 세우면 근심이 없고 태평할 것"이라고 했다는 이야기가 전한다. 643년에 귀국한 자장법사는 선덕여왕에게 탑의 건립을 건의했고, 이에 선덕여왕은 백제의 장인 아비지를 초빙하고 이찬 김용춘(훗날 태종무열왕이 되는 김춘추의 아버지)을 공사감독관으로 삼아 공인 200명을 거느리게 하고 9층탑을 만들었나. 9층은 삭기 주어진 이름과 뜻이 있었다. 1층은 일본, 2층은 중화, 3층은 오월, 4층은 탐라, 5층은 응유, 6층은 말갈, 7층은 단국, 8층은 여적, 9층은 예맥……. 하나같이 당시 신라를 둘러싸고 있던 외국의 이름이다. 결국 이 탑은 주변 나라들의 침입을 막고 나라를 지키기 위해 부처님의 도움을 얻기 위한 것이었다.

지금은 아무런 자취도 남지 않았지만, 탑의 높이는 상륜부가 시작되는 철반을 기준으로 위로 42척(약 15미터), 아래로 183척(약 65미터), 전체 225척(약 80미터)의 규모였다고 한다. 이만한 높이의 탑을 완성하는 데 643년부터 645년까지 3년이라는 시간이 걸렸다. 나무는 돌보다 다루기가 쉽다는 점을 감안하면 이 탑은 온갖 장식이 들어가고 화려하게 채색이 되었을텐데, 만약 황룡사탑이 지금까지 고스란히 보전될 수 있었다면 여간한 장관이 아니었을 것이다. 어쨌거나 당시 황룡사 9층탑은 나라의 보물이라고 찬사를 받은 것은 물론이고, 국가와 왕실의 정신적 지주가 되었다.

하지만 중대 이후 황룡사보다는 봉덕사라든가 다른 사원들이 더 두각을 나타냈으며 왕실로부터도 더 많은 지원을 받았다. 이에 역사학계에서는 중대 이후 황룡사의 위상이 점차 낮아졌다고 보는 시각도 있다. 당시 황룡사의 승려들이 활동했던 흔적을 찾아보면 사경을 조성하거나 중앙이 아닌 지방의 사찰을 중창하는 등이 발견되는데, 왕실의 지원이 뜸해진 대신 그들 스스로 황룡사의 위상을 유지하기 위해 노력했던 것 같다. 그래도 왕실의 지원이 뜸해진 것은 역시 문제였던 모양이다. 돌로 된 탑도 비바람에 닳거나 상하고 무너지거늘, 나무로 만들어진 탑은 오죽했겠는가. 100여 년이 넘는 세월이 흐르자 9층탑은 심하게 망가졌고 벼락을 맞는 일까지도 여러 번 있어 손상을 크게 입었다. 특히 문성왕 대에는 탑이 동북으로 기울어지기까지 했다고 한다. 아무래도 돌이 아닌 나무로 만든 탑이었던 탓도 크다고 하겠다. 하지만 당시 나라 사정이 엉망인지라 미처 손을 대지 못했다. 그러다 마침내, 경문왕 대에 들어 다시금 왕실에서 황룡사를 주목하고, 절과 탑을 수리했던 것이다. 경문왕이 즉위 첫해부터 숭복사를 비롯하여 많은 절들을 수리해왔지만, 황룡사 수리는 너욱 각별한 의비를 지닌다.

이 문제를 이해하기 위해 잠깐 다른 이야기를 들어보자. 황룡사탑의 수리에 착수하기 얼마 전인 경문왕 11년 3월, 왕은 굴산문의 개창자인 선승 범일을 국사로 삼으려 했지만 실패했다. 범일이 왕의 부름을 거절하고 오지 않았기 때문이다. 앞에서도 말했듯이, 경문왕이 선종을 국왕의 세력으로 끌어들이려 한 것은 단순히 왕권 강화 측면만의 문제가 아니라, 중앙정부를 중심으로 지방을 긴밀하게 연결해서 복속시키려는 의도가 있었기 때문이다.

당시 범일은 지금의 강릉인 명주에 머물고 있었다. 명주는 교통이 불편하던 당시로서는 도성인 경주에서 참으로 먼 북쪽 변경이었다. 게다가 이곳은 대를 이어 반란을 일으켰던 김헌창, 김범문 세력의 근거지로서 이미 독자적인 세력권이 구축된 곳이었고, 반 신라적 성격의 진표계 미륵신앙과 고구려 문화의 잔재가 진하게 남아 있었다. 따라서 경문왕이 범일을 국사로 삼으려 한 것은, 명주 지역을 회유하려는 의도도 있었다. 그때 신라는 중앙에는 교종, 지방에는 선종 승려들이 세력을 떨치고 있던 상황이었다. 그런데도 경문왕이 선종의 승려를 국사로 임명하려 한 것이다. 결국 이 시도 자체는 실패로 돌아갔지만, 정치뿐만 아니라 종교 부문에서도 경문왕은 범일을 비롯한 다른 선종 계열들을 교종—정확히는 황룡사의 자장 계열과 융화시키려 했던 것으로 보인다.

황룡사의 수리는 873년까지 계속되었다. 탑 본체만을 수리한 것이 아니라, 철반 위에 작은 석탑 99구를 안치하였으며, 그 소탑 하나하나마다 사리 1매*와 다라니 4종을 넣었고, 다시 경권과 사리 1구를 함께 봉안하

사리(舍利) • 일반적으로 사리 수를 셀 때 과(果)를 많이 쓰나, '황룡사 9층목탑 찰주본기(黃龍寺九層木塔刹柱本記)'에는 매(枚)로 되어 있어 그대로 인용했다.

였다. 99에 4를 곱하면 396이 되니, 그 수만 헤아려 보더라도 상당한 대공사였을 것이다.

이처럼 황룡사를 수리하고 예전의 모습으로 되돌리려고 한 이유는 경문왕이 옛날의 영광스럽던 시기로 돌아가고 싶어 했기 때문은 아닐까. 탑의 수리가 끝나던 그날, 경문왕은 웅장한 황룡사를 돌아보며 조상들의 위대한 업적을 되새기며 감동에 젖었을지도 모른다. 동시에 불교 정책에도 더욱 박차를 가했을 것이다.

하지만 명주의 고승 범일은 끝내 왕의 부름을 거절했고, 이후로도 경문왕의 아들들인 헌강왕과 정강왕 대에도 계속 불렀지만 끝내 응하지 않았다. 아무리 종교인이라고 해도 엄연히 신라의 백성일진대 세 명이나 되는 왕의 부름을 거절했으니 대단하다는 생각마저 든다. 신라의 왕들은 유난히 너그러웠던지 이처럼 거만한 승려의 의사를 존중했다. 어쩌면 범일 본인의 고집이 센 것 못지않게, 이미 지역 세력이 돌이킬 수 없을 만큼 강력해졌기에 가능했던 일인지도 모를 일이다.

경문왕은 즉위 이후로 숭복사를 수리하고 동화사에 심층석탑을 건립하였으며 황룡사와 9층목탑도 보수하였다. 그런가 하면 낭혜, 수철, 지증, 범일 등 불가의 여러 고승들과 적극적으로 접촉하기를 원했다. 불교에 대한 왕의 관심은 신앙심이나 호기심의 이유도 있겠지만, 근본적으로는 정치적인 동기에서 비롯된 것이었다. 때로 경문왕은 왕실이나 귀족사회의 분열을 극복하기 위해서, 때로는 지방 세력의 독립을 막기 위

해서 불교를 적극적이면서도 다각도로 활용했다. 그러한 왕의 뜻이 좌
절된 적도 없지는 않았으나 대체로는 목적한 바가 이뤄진 편이었고, 이
로서 경문왕의 평천하(平天下)를 위한 치국은 착착 진전되고 있었다.

대국에 머리 숙이다

한 나라를 다스리려면, 통치자에게 힘이 있어야 했다. 물론 한 국가가 단순히 권력, 혹은 철권만으로 다스려지는 것은 아니다. 하지만 지배자와 피지배자의 구분과 통치자의 권위 역시 필요했다. 하지만 당시 신라의 형편은 정반대였다. 귀족들은 함부로 왕위를 노렸고, 백성들은 자주 갈리는 왕을 대단하지 않게 보았을 것이다. 그와 함께 종말론적인 종교가 유행하고 있어 말 그대로 총체적 난국 상황이었다.

왕도 힘이 있어야 왕이다. 나라꼴이 그 지경이니, 왕이 무엇을 하려 마음 먹어도 될 리가 없었다. 결국 경문왕은 당나라의 도움을 받아 왕권을 강화하고 재정비하기로 결심한다.

왜 하필 당나라였을까. 나당연합으로 백제와 고구려를 멸망시킨 신라는 이로써 삼국 중 가장 약소국이었으나 삼국을 하나로 통일하는 위업을 달성했다. 그러는 과정에서 신라는 당나라의 연호를 쓰고, 당나라의 관복을 입었으며, 새로운 왕이 즉위할 때마다 당나라에 보고해서 형식상이나마 윤허를 얻어 책봉의 과정을 거쳐야만 했다. 이것은 신라가 실익을 챙기기 위한 하나의 외교 전략이라고 봐야 한다. 옛날의 조공관계는 약소국만 강대국에게 일방적으로 조공을 바친 게 아니었다. 오히려 강대국은 '체면상' 약소국이 바친 조공의 배가 넘는 선물을 선사하는 게 보통이었나. 결국 조공은 한참 남는 장사였고, 선진문물을 손쉽게 전달 받을 수 있는 기회였다. 그리고 동아시아 세계에서는 근대에 이르기까지 일반적인 무역과 외교는 모두 조공을 전제로 했기에, 당시 조공국이 아니었다는 것은 오히려 외교적으로 문제가 있는 일이었다. 그렇다 보니, 조선 초 조공의 횟수를 늘리려는 조선과 반대로 줄이려는 명나라 사이에서 외교충돌이 벌어진 적도 있었다. 아무튼 경문왕 당시 동아시아 세계에서 군사적으로나 문화적으로 최강대국은 분명히 당나라였고, 이것은 누구도 부정할 수 없는 사실이었다.

즉위한 지 2년 째 되던 해, 경문왕은 당나라에 사신을 파견했다. 선왕인 헌안왕의 죽음을 알리고 자신의 즉위 사실을 전하고 왕으로 인정받기 위해서였다. 조선시대에 중국의 윤허를 받지 못하고 세자가 되었다고 해서 광해군이 온갖 고초를 겪었던 것을 생각하면 이 같은 중국의 '허락'은 형식적이지만 국내외에 왕으로서 권위를 갖추기 위해 꼭 필요한 절차였다. 특히 경문왕의 다소 복잡했던 즉위 내막과 사정을 생각하면 더욱 그렇다. 하지만 뜻하지 않게 7월에 파견된 사신들이 8월경 바다에서 폭풍우를 만나 익사하는 사고가 벌어졌다. 어쨌든 즉위한 뒤 처음 파견한 견당사가 실패한 사실은 경문왕에게 이런저런 충격을 주었으리라. 또다시 견당사를 보낸 시기는 정확하지 않지만, 경문왕 4년 즈음으로 추정된다. 왜냐하면 경문왕 5년 당나라에서 신라에서 보낸 사신에 대한 답방 차원에서 사신을 파견했다는 기록이 있기 때문에 그 전에 한 번 정도는 견당사를 파견했을 것이다.

> 여름 4월에 당나라 의종이 사신 태자우유덕 어사중승 호귀후와 부사 광록주부 겸 감찰어사 배광 등을 보내 앞 임금의 죽음에 조문제사하고, 아울러 1천 필의 부의를 주었으며, 왕을 개부의동삼사 겸교태위 지절 대도독계림주제군사 상주국 신라 왕으로 책봉하였다.

지금까지 같은 책봉 절차를 밟았던 신라 왕들의 경우를 살펴보면, 책봉명은 모두 조금씩 다르게 나타난다. 선왕 헌안왕은 책봉을 받았는지 어땠는지 기록이 없지만 문성왕의 경우 '개부의동삼사 검교태위 사지절 대도독계림주제군사 겸 지절충녕해군사 상주국 신라 왕'으로 책봉되었다. 또 선왕의 뒤를 이어 왕위를 계승하면 선왕의 책봉 직함을 그대로 이어받는 경우도 있었다. 이렇게 볼 때 당나라에서도 신라 왕을 책봉할 때 이런저런 원칙이 있던 것 같다.

그런데 당시 책봉사로 신라에 왔던 당나라 사신 호귀후와의 일화가 재미있다. 호귀후는 신라에서 경문왕의 환대를 받았는데, 그렇게 연회를 벌인 자리에서 시흥(詩興)이 오른 경문왕은 신라의 절경을 시로 읊었다. 주인이 시를 읊으면 손님이 화답해야 하는 것이 관례이자 예절이었는데, 정작 호귀후는 말문이 막혀 크게 고생했던 모양이다. 당나라로 돌아온 호귀후는 당시 황제였던 의종에게 이렇게 말했다고 전한다.

산시(山西)하면 옛날부터 호걸의 땅으로 이름난 곳이다. 《수호지》의 양산박도 바로 이곳에 있다. 그래서 산시지방 사람들은 예부터 무예에 뛰어나고 용맹하다고 명성이 자자했다. 그렇지만 상대적으로 글에는 약했던 모양이다. 물론 모두가 그랬던 게 아닐지라도 전체적인 성향을 두고 말한 것이리라. 즉, 다시는 자신처럼 글 잘 못하는 사신을 신라에 보내어 망신당하게 해서는 안 된다는 뜻이다. 대체 얼마나 애를 먹었으면 황제에게 대놓고 이리 말했던 것일까.

경문왕이 유학 및 한문학에 대한 조예가 매우 깊었다는 점은 분명하다. 어쩌면 그는 이런 행동을 통해, 대국에게 어쩔 수 없이 숙여야 하는 소국의 자존심을 살리려 했을지도 모르겠다. 어쨌든 이 일을 통해 경문왕은 당나라에서 왕으로 인정받았다. 이제 나라 안팎으로 명실공한 신라의 왕이 된 것이다.

당나귀 귀, 어떤 의미인가

이제 다시 경문왕의 귀 이야기로 돌아가보자. 《삼국유사》에 따르면 경문왕은 즉위하자마자 귀가 길어졌다고 했다. 그렇다면, 왕이 되어 바쁘게 왕의 업무를 다 하고 있는 중에도 그의 귀는 쑥쑥 자라나고 있던 셈이다. 덧붙여 복두 만드는 사람은 매일같이 바뀌는 왕의 머리 치수를 재러 바쁘게 궁궐을 드나들었고 왕의 모자는 나날이 커졌을 것이다. 설화 대로라면 말이다. 이런 특이한 신체는 지금 우리가 생각하기에는 유별나 보이지만 경문왕만 그랬던 것은 아니다. 진평왕은 생김새가 (어디지는 몰라도) 기이했다고 하고, 지증왕은 음경이 대단히 커서 신부로 맞을 사람이 없을 정도였다고 했다. 하지만 이는 신라에만 한정된 일이 아니라 백제나 고구려에서도 마찬가지였다.

솔직히 옛날이야기에 나오는 왕이나, 혹은 훌륭한 사람은 다 한 군데씩은 이상한 구석이 있었다. 지금이야 기형아에다 신체 이상이라고 따

돌림 받겠지만, 과거에는 그렇지 않았다. 신체의 기이함은 곧 보통의 다른 사람들과 구별되는 좀 더 신비하고 특별한 어떤 힘을 나타내는 증거라고 여겨졌다. 이런 신체적 특징 외에도 보통과 다른 특별한 능력을 가지기도 했다. 주몽은 활솜씨가 귀신 같았고, 선덕여왕은 미래를 내다볼 수 있었으며 김유신에게는 그를 보호해주던 신병(神兵)들이 있었다.

하지만, 이런 특이한 신체와 신비한 능력이 왕의 권위를 강화하기 위해 부각됐던 것은 대부분 고대 국가 성립 초기에나 있던 일이다. 왕이 있지만 아직 권위가 세워지지 않았기에 그 같은 특별함에서 권위를 빌려와야 했기 때문이었다. 하지만, 어느 정도 왕권이 강화되고 나라의 체제가 탄탄해지면, 굳이 이런 특별한 신체와 힘에 기대지 않아도 '왕이니까' 왕으로서 존중되고, 힘과 권위를 인정받을 수 있다.

그런데 경문왕 시대에 유별나게 특이한 신체 혹은 능력을 강조하는 복고적(?) 현상이 다시 나타나고 있다. 경문왕은 당나귀 귀 말고도 뱀을 곁에 두고 자는 등, 무언가 특별한 데가 있었고, 그의 아들인 헌강왕도 한번 본 것은 모두 외울 정도로 뛰어난 재주가 있었다고 한다. 또한 진성여왕이 '기골이 장대하고 생김이 남자 같다'는 이야기를 들은 것이나, 헌강왕의 서자이자 나중에 효공왕(재위 897~912)으로 즉위한 요(嶢)가 왕의 혈통이라는 것을 입증하기 위해 '등에 특이하게 솟아난 뼈'가 있었다는 특징을 부각시킨 것도 이런 관념의 연장이 분명하다.

물론 생김새가 특이했던 다른 왕들과 달리, 경문왕의 귀는 왕의 특별한 능력을 보장해주기는커녕, 도리어 숨기려고 기를 써야만 했던 부끄러운 것이었다. 따라서 경문왕의 귀에 대한 이야기는 어떤 정치적인 목적에서 만들어졌거나, 아니면 다른 것이 와전되었을 가능성이 높다. 어쩌면 그 사실은 경문왕이 즉위 기간 내내 일관되게 지켜온 왕권 강화 시도와 함께, 경문왕의 아들 ― 딸 ― 손자로 이어지는 경문왕계 왕가와도 무슨 관계가 있을 법하다.

여기서 경문왕의 귀와 관련한 또 하나의 궁금한 점을 짚고 넘어가자. 그런데 왜 하고 많은 동물 중에서 하필이면 당나귀의 귀였을까? 귀가 길다면 토끼나 사슴 같은 다른 동물도 있는데 말이다. 유대인의 오랜 격언 중에 당나귀는 긴 귀로 알아보고, 어리석은 사람은 긴 혀로 알아본다는 말이 있다. 그만큼 세계적으로 당나귀의 귀는 커다랗다고 인식되었던 것 같다. 우리나라를 포함해 세계 각지의 동화에 단골손님으로 등장하는 당나귀는 하나같이 어리석은 모습으로 그려진다. 거꾸로 매달려 물속에 던져지기도 하고, 바보처럼 솜을 짊어진 채 물에 뛰어들기도 하고, 말의 심술 때문에 고생하다가 죽기도 한다. 그러다 가뭄에 콩 나듯이 지혜와 용기를 발휘해서 사자나 맹수들을 물리치는 모습을 보면 훌륭하다기 보다는 용해 보인다. 사실, 큼지막한 귀와 어쩐지 맹한 당나귀의 생김새는 같은 과의 말과 비교해봐도 훨씬 못나 보이게 만든다.

경문왕의 귀가 당나귀처럼 생겼다면, 그에게서 어딘지 당나귀와 닮은 점이 있다는 뜻이다. 게다가 처음부터 그렇게 태어난 것도 아니고, 살다 보니 귀가 자라서 그렇게 되어버렸다는 게 아닌가. 그렇다면 왕이 되면서 사람이 당나귀 같아졌다는 말이 정확하리라. 그렇다면 경문왕은 당나귀처럼 어리석고 모자랐을까? 하지만 즉위 후 이리 뛰고 저리 뛰고 왕성하게 활동한 그의 행적에서 그런 점은 찾을 수 없다. 아니, 어떤 왕에도 지지 않을 만큼 열성적이었다.

그럼 왜 경문왕이 당나귀 귀를 갖게 되었을까? 설화는 설화에 쓰인 말 그대로 생각할 수도 있다. 하지만 역사는 때로 매우 단편적인 기록과 상징을 통해 새로운 단초를 발견하는 묘미가 있다. 얼핏 보기엔 아무 의미 없는 파편 같지만 사실은 깜짝 놀랄 만한 비밀의 그림을 만들어낼 수 있는 퍼즐 조각일 때도 있다. 바로 그런 데에서 역사의 매력을 느끼는 게 아니던가.

우연인지도 모르겠지만 페르시아에서도 당나귀는 아니지만 노새 소리를 들은 사람이 있었다. 바로 페르시아 제국을 세운 키루스 대제(Cyrus II, 재위 BC. 559~BC.529)가 그 주인공이다. 노새란 암컷 말과 수컷 당나귀 사이에서 태어난 튀기를 이르는 말로, 힘도 좋고 참을성이 많아 일도 잘하건만 새끼를 낳을 수 없는데, 이 역시 못난이 동물로 여겨진다. 그 이야기에 나오는 말은 그의 어머니였던 메디아(Media) 왕국의 공주 만다네(Mandane)를 뜻한다. 당나귀는 당연히 그의 아버지이자 메디아 왕의 신하였던 캄비세스 1세(Cambyses I, 재위 BC. 600~BC. 559)이다. 왕족이던 고귀한 신분의 어머니가 그에 걸맞게 고귀한 상대도 아니고, 고작 바깥 도시 안샨(Anshan)의 신하에게 시집가서 낳은 아이가 키루스였다. 이는 키루스의 외할아버지인 메디아 왕 아스티아게스(Astyagess, 재위 BC. 558~

BC. 550)가 이상한 꿈을 꾸었던 데에서 기인한다. 딸의 배에서 흘러나온 물이 아시아 전역을 채우는 꿈을 꾸자 불길하다고 생각해서 딸을 일부러 신분이 낮은 신랑감에게 짝지워주었다. 그렇게 해서 태어난 키루스는 자라서 마침내 외할아버지의 왕국을 멸망시키고 페르시아 제국을 건설했다. 유명한 고대 그리스의 역사가인 크세노폰의 기술에 따르면, 결국 "메디아는 노새에게 멸망당한 것"이다.

다시 신라 경문왕의 이야기로 돌아가보자. 경문왕은 본디 진골귀족이기는 하나 왕이 될 사람은 아니었는데, 공주와 결혼한 사위로 즉위하였다. 많은 개혁정치를 벌였지만 그만큼 분란도 일으키면서 15년간을 다스리다 젊은 나이에 죽었다. 그리고 그의 뒤를 이어 매우 영특한 아들인 헌강왕이 즉위하였다. 헌강왕은 정실과 사이에 아들이 없고 대신 돌도 되지 않은 서자 하나를 남겨두고 죽었는데 그렇게 되자 동생인 정강왕이 왕위를 계승하였다. 그렇지만 정강왕은 채 1년도 되지 않아 죽고 그의 여동생인 진성여왕이 왕위를 계승하였다. 이러한 왕위계승은 헌강왕의 아늘인 요가 성상하길 기나린 임시 왕위계승이었다고 할 수 있다. 그러나 효공왕의 즉위는 여러 진골귀족들의 불만을 자아냈다. 효공왕 말년에는 대신 은영(殷影)이 왕이 총애하는 여인을 죽이는데 그런 일에 대해 왕이 전혀 대응을 하지 못했다. 그리고 얼마 지나지 않아 왕이 죽었는데 자연스러운 죽음으로 보이지 않는다. 이후 신덕왕으로 시작되는 박씨 왕계가 등장하였는데 박씨왕은 정통성을 주장하기 위하여 전대의 경문왕을 당나귀 귀를 가진 임금으로 표현한 것은 아닌가라고 추측할 수 있다.

그리고 또 다른 이야기로는, 이런 당나귀 귀 설화가 경문왕의 강압정치를 비꼰 것이라고 말한다. 경문왕이 즉위한 이후 왕권 강화를 목표로 다양한 정책을 실시했지만, 이것에 반대하거나 흠을 잡는 사람도 많았을 것이다. 아마도 기존의 세력가들이었다가 경문왕에 의해 위협을 받게 된 진골귀족들이 주축이 되었을 것이다. 그래도 경문왕은 그런 움직임을 무마하거나 억눌러가면서 자신의 정책과 노선을 고집스럽게 유지해왔다. 좋은 일도 있었겠지만, 문제점도 없지는 않았을 터이다. 하지만 경문왕은 복두장이에게 자신의 귀 이야기를 바깥에 퍼뜨리지 못하게 한 것처럼 사람들의 언로를 막아 강압적인 정치를 벌였다는 것이다. 이 때문에 나라 안에서 왕에 대한 불만은 차츰 증가하게 되고, 왕은 어리석은 당나귀나 다름없다고 비웃음을 당했던 것은 아니었을까. 설화에서는 왕이 두려워 침묵하는 복두장이를 대신해서 비밀 ―당나귀 귀 이야기를 세상에 알린 것이 대나무다. 흔히 곧은 정절의 상징인 대나무는 왕의 비밀 혹은 수치스러운 잘못에 대해 바른말을 한 셈이고, 그 말이 듣기 싫어진 임금은 나무를 죄다 베어버리라고 명령했다. 이것은 곧 권력을 써서 언론 통제를 했다고 풀이된다. 이것이 당나귀 귀 설화에 대한 가장 일반적인 해석이다.

이 당나귀 귀 설화를 있는 이야기 그대로 풀이한다면, 경문왕은 엄청난 폭군이나 어리석은 군주 정도로 보인다. 하지만 이제까지 앞부분에서 내내 살펴봤던 경문왕의 행적을 본다면 왕권 강화를 위해 노력한 그 사실들이 당대에 그렇게까지 부정적으로 보였던 것일까, 하고 고개를 갸웃거리게 된다. 어째서 경문왕은 당나귀 귀를 가진 어리석은 임금이 되었던 것일까? 그리고 더 나아가 뱀들과 함께 잤다는 또 다른 이야기가 전해지는 이유는 무엇일까? 당나귀 귀 자체가 어떤 것을 의미하는지 알았다 하더라도 아직 남은 몇 가지 의문을 해소하기 위해 경문왕과 그 주변에 대해 좀 더 살펴볼 필요성이 있다.

측근에서 반역자까지

왕자로 태어났더라도 왕 노릇하기가 쉽지 않은 세상이었다.

하다못해 왕의 서자도 아니었던 경문왕.

그런 그의 앞길이 순탄할 리가 없었다.

왕은 젊은 화랑을 골품제로 억눌려 지내던 육두품을 선택했다.

그들의 연합은 진골귀족 사회에 파란을 불러일으켰다.

왕, 화랑, 육두품의 미래는?

六年 春正月 封王考爲懿恭大王 母朴氏光和夫人爲光懿王太后 夫人金氏爲

文懿王妃 立王子晸爲王太子 十五日 幸皇龍寺看燈 仍賜燕百寮 冬十月

伊飡允興與弟叔興·季興謀逆 事發覺 走岱山郡 王命追捕斬之 夷一族

—《삼국사기》 권11, 〈신라본기〉 11, 경문왕 6년

十四年 崔致遠在唐登科

—《삼국사기》 권11, 〈신라본기〉 11, 경문왕 14년

경문왕 6년(866) 봄 정월에 왕의 죽은 아버지를 의공대왕(懿恭大王)으로 봉하고, 어머니 박씨 광화부인을 광의왕태후(光懿王太后)로 봉하였으며, 부인 김씨를 문의왕비(文懿王妃)로 삼았고 왕의 아들 정(晸)을 왕태자로 삼았다. 15일에 황룡사에 거둥하여 연등을 구경하고 백관들에게 잔치를 열어 주었다. 겨울 10월에 이찬 윤흥(允興)이 동생 숙흥(叔興)·계흥(季興)과 더불어 반역을 꾀하다가 일이 발각되어 대산군(岱山郡)으로 달아났다. 왕이 명을 내려 뒤쫓아가서 붙잡아 목베어 죽이고 일족(一族)을 멸하였다.

경문왕 14년(874) 최치원(崔致遠)이 당나라에서 과거에 급제하였다.

친동생 각간 위홍

화랑은 공주님과 결혼했고, 마침내 임금님까지 되었다. 하지만 나라는 혼란스러웠으며, 막연하게 생각했던 것처럼 결코 왕이라는 자리가 좋기만 하지는 않았다. 다행히 아직 나이 서른이 못 된 왕에게는 젊음과 패기가 있으며, 아직까지 머리가 굳어지지 않아 생각도 유연했다.

경문왕이 집권 초기에 시도했던 정책에서는 이제까지의 신라를 바꾸려는 분명한 의욕과 추진력을 읽을 수 있다. 하지만 아무리 유능한 왕이라고 해도, 혼자서 모든 것을 도맡아 할 수는 없다. 그가 각 분야에서 추진한 개혁 정책들은 한편에선 열렬한 호응을 받았을 것이고, 다른 한편으로는 격렬한 반대에 부딪혔을 것이다. 실제로도 경문왕에게는 충성을 바치며 도와주는 사람이 있었고, 반대로 반역을 도모한 사람들도 있었다.

이런 주변의 인물들에 대해 살펴본다면 그저 당나귀 귀를 가진 설화 속 인물로만 그려졌던 경문왕에 대해 좀 더 역사적인 시선으로 바라볼 수 있을 것이다.

경문왕이 가장 신뢰했던 측근, 충성스러운 인물이라고 하면 제일 먼저 들 수 있는 사람이 바로 위홍(魏弘)이다. 그렇지만 그의 성은 위씨가 아니다. 엄연히 김씨 성을 가진 신라의 진골 왕족이었다. 좀 더 자세히 말하면, 그는 경문왕의 친동생이다. 혹시 학교의 국사시간이나 국어시간에 그의 이름을 한번쯤 들어보았을지도 모르겠다. 그리고 더 자세히 기억해낸다면, 어째서 그가 경문왕의 사람으로 이야기되는지 의아하게 생각할지도 모르겠다. 왜냐하면 그는 진성여왕 시대 때 이름을 떨친 사람으로, 정확히 하면 여왕의 애인으로 더욱 유명하기 때문이다.

왕은 평소 각간 위홍과 더불어 정을 통해 왔는데, 이때 이르러서는 늘 궁궐에 들어와 일을 마음대로 처리하였다.

《삼국사기》 진성여왕 대의 기록이다. 다른 왕들의 기록에는 제일 먼저 왕의 이름과 즉위 배경, 아버지와 어머니, 그리고 배우자의 이름이 기입되어 있지만, 선덕 · 진덕 · 진성의 세 여왕들은 하나같이 배우자의 이름이 적혀 있지 않다. 하지만 위의 기록으로 미루어보면 진성여왕의 실질적인 배우자는 분명 위홍이었다. 그런데 이게 또 문제이다. 우선 경문왕 자신은 물론이요 그의 아버지 계명도 가까운 친척과 결혼한 사이였고, 진성여왕과 위홍의 관계 역시 엄연히 삼촌과 조카 사이였다. 위홍은 흔히 진성여왕 유모의 남편으로 그 시대에 세도를 부렸다고 알려져 있다. 아마도 위홍의 처가 진성여왕의 유모 노릇을 한 것으로 보인다.

이런 관계가 지금의 도덕적인 관점에서는 쉽게 이해가 가지 않을지도 모르지만, 고대 사회에서 근친끼리 결혼은 새삼스러운 일은 아니었다. 예를 들어 김유신은 자신의 여동생인 문명왕후(문희)의 딸인 지소부인과 결혼해서 원술을 비롯한 자식을 여럿 두었다. 그리고 신라의 왕비들은 왕이 죽은 다음엔 얼마든지 재혼이 가능했다. 진지왕의 왕비 지도부인(知道夫人)은 조카인 진평왕과 재혼했고, 진흥왕의 어머니인 지소태후는 작은 아버지인 입종공(立宗公)과 결혼한 뒤로도 정부를 여러 명 거느렸고 그들과의 사이에서 많은 자녀를 두었다고 한다. 이렇게 본다면 위홍이 죽은 뒤에도 미남자 두세 명을 끌어 들여 놀았다는 진성여왕을 우리가 몹쓸 여자라고 욕할 일은 아니다. 오늘의 기준으로 과거의 일을 옳다 그르다 판단할 수는 없다. 게다가 진성여왕은 왕비도 아니고 왕이지 않았는가. 더욱이 김유신만 하더라도 근친상간이라는 이유로 욕먹은 일이 거의 없는데 유독 진성여왕에게 비난의 화살이 꽂히는 이유는 다분히 신라 이후의 남성 사가들의 시선이 작용한 탓이 크다.

그러나 경문왕 이전 시대만 하더라도, 바로 사촌, 오촌의 가까운 친척들끼리 왕 자리를 놓고 치열하게 싸웠다. 지금은 형제 사이인 경문왕과 위홍이지만, 다음 대가 되면 자식들끼리는 왕위를 놓고 싸우게 될지도 모른다는 급박한 정치 현실 속에 있었다. 그래서 근친끼리 혼인을 통해 더 이상의 파가 갈리는 것을 막고, 한 집안 —경문왕계 안에서만 왕위를 계승하려 한 게 아닐까. 아들들이 죽은 뒤, 다른 계열의 왕족을 왕으로 세우느니 딸인 진성여왕을 세운 것도 경문왕의 자식들끼리만 왕위를 독점하려 한 것이라 보는 시각도 있다. 그런 정치적인 이해관계를 떠나 위홍과 진성여왕이 정말 서로를 사랑했을지도 모르지만 말이다.

아무튼 진성여왕과 특별한 관계였기 때문에 오랫동안 많은 사람들에게 욕을 실컷 들었던 위홍이었다. 그렇다고 그가 나라를 위태롭게만 한 간신이라고 보긴 힘들다. 삼국시대부터 만들어져 이두나 향찰로 기록된 향가는 통일신라시대 때 크게 유행했지만 고려 때 이미 소멸되었고, 이제는 20수 남짓 전해지는 게 전부이다. 진성여왕 2년인 888년, 위홍이 대구화상과 함께 만들었다던 향가모음집 《삼대목》은 현재 전해지지 않는다. 만약 이 책이 아직까지 남아 있더라면 그에 대한 평가가 지금보다는 조금 더 긍정적으로 내려지지는 않았을까.

위홍은 과연 경문왕에게 있어 어떤 인물이었을까. 진성여왕 시대에 비할 바는 아니겠지만 경문왕 시대에도 그는 중요한 정치적 역할을 수행했을 것이 틀림없다. 위홍의 이름이 처음 사서에 나오는 것은 경문왕 11년, 황룡사를 수리하는 기사에서부터이다. 당시 그는 상재상(上宰相) 이찬(伊飡)의 자격으로 이 일을 담당했다. 당시 그에게 내려진 벼슬은 '황룡사성전감수성탑사 수병부령평장사(黃龍寺成典監脩成塔事守兵部令平章事)' 였다. 그는 병부령, 달리 말해서 군사권을 쥔 인물이었다. '평장사' 란 관직명은 고려시대에 가서 본격적으로 등장하는데, 재상의 일종이었다. 경문왕 때에도 그런 관직이 있었던 모양이지만, 그 관직에 대해 자세히 전하지는 않는다. 《삼국사기》에서 위홍을 '상재상'이라 일컬은 것은 그가 평장사였기 때문일 것이다. 어쨌든 황룡사의 보수공사를 위홍에게 맡겼다는 것은 의미심장하다. 처음으로 황룡사 목탑이 만들어진 선덕여왕 때, 김용춘이 감독을 맡았던 것을 감안하면 위홍의 정치적 위치도 상당했을 것으로 추정할 수 있다. 실제로 그는 경문왕이 죽고 조카인 헌강왕이 즉위한 첫해인 875년에 위진(魏珍)의 후임으로 상대등에 임명되어 헌강왕의 정무를 보좌하였고, 그 이후로는 차례로 각간 · 상대등 · 병부령(군사의 총책임자) 등의 관직을 맡아 여러 차례 정치와 군사의 대권을 장악하였다. 그러다가 진성여왕 시기에는 전술한 대로 신라의 권력을 독점하다시피 했다.

결국 위홍은 경문왕 때는 국왕의 동생이자 병부령으로, 헌강왕 · 정강왕 때는 왕의 삼촌인 동시에 대신으로, 진성여왕 때는 왕의 삼촌 겸 애인으로 경문왕가의 시대를 주름잡았다. 동생으로서 왕인 형을 모시는 것은 분명 쉬운 일이 아니었을 것이다. 그래도 위홍은 단순히 경문왕의 동생이기보다는 왕의 심복, 나아가서는 중요한 정치적 파트너로서 그 역할을 수행했다.

친위 세력, 화랑

그런데 잠깐, 이제까지 중요한 사람의 이야기를 잊고 넘어가지 않았는가? 앞에서 이미 보았듯이, 낭도들의 우두머리이자 흥륜사의 승려였던 범교사가 없었더라면 화랑 응렴은 왕으로 즉위하지 못했을지도 모른다. 경문왕이 즉위한 지 3년째 되는 해, 그는 헌안왕의 둘째 딸을 차비로 맞아들였다. 자매를 한꺼번에 아내로 맞이한 것이다.

범교사가 첫째 공주와 결혼할 때 생기게 될 세 가지 좋은 일에 대해 말한 것은 결혼히기 전, 그리고 왕이 되기 전의 일이었다. 그리고 화랑 응렴은 그의 제의에 따랐고 마침내 경문왕으로 즉위했다. 차비를 맞아들인 뒤 어느 날, 범교사에게 경문왕은 한 가지 질문을 던졌다.

"스님께서 전에 말한 세 가지 이익이라는 것이 무엇입니까?"

그때까지도 경문왕은 범교사에게 세 가지 이익이 무엇인지에 대해 답을 듣지 못했던 것 같다. 그러나 딱히 궁금해서 물어본 것 같지는 않다. 그랬다면 3년씩이나 기다렸다가 물을 필요가 없었을 터. 요즘 식으로 하자면, 어쩐 일로 서로 만나 술 한 잔씩 걸치고 이야기하다가 불현듯 옛 생각이 나서 꺼낼 법한 말이 아닐까. 그들의 사정이야 어쨌든 범교사는 왕의 질문에 대해 다음과 같이 답했다.

"당시 왕과 왕비가 자기들의 뜻과 같이한 것을 기뻐하여 총애가 깊어진 것이 첫째요, 이로 인하여 왕위를 이은 것이 두 번째이며, 전부터 바라던 둘째 딸을 마침내 아내로 삼을 수 있게 된 것이 세 번째입니다."

이 대답을 들은 경문왕은 크게 웃었다고 한다. 이 모든 이야기는 《삼국사기》 11권의 경문왕 3년에 실려 있다. 본디 경문왕이 화랑이었을 때 범교사는 낭도들의 우두머리였다고 하니, 원래 경문왕과는 꽤 가까운 사이였을 것이다. 그런데도 3년의 시간공백을 두고 물어봤다는 것인데, 처음에는 왕위를 노리는 진골귀족들이 "까마귀처럼 몰려들던" 급박한 상황이었지만, 3년이 지나고 나니 그럭저럭 여유 있게 과거를 회상할 정도로 경문왕의 치세가 어느 정도 안정된 궤도 선상에 오른 것 같다. 경문왕의 큰 웃음은 그런 여유를 단정적으로 보여주는 게 아니었을까?

이후 범교사에 대한 더 이상의 기록은 없지만 그가 낭도들의 지휘자로 화랑과 밀접한 관계를 가졌다는 데 주목할 필요가 있다. 앞에서도 잠깐 이야기 했지만, 당시 화랑 세력들이 정계에 진출을 모색하고 있었던 것은 분명한 사실인 것 같다. 다음은 《삼국유사》 경문왕 시기에 대한 기록이다.

국선 요원랑 · 예흔랑 · 계원 · 숙종랑 들이 금란을 유람할 때 임금을 도와 나라를 다스리려는 뜻이 있었다. 이에 노래 세 수를 지어 심필 사지를 시켜 침권을 주어 대구화상에게 보내어 세 가지 곡을 짓게 하니 첫째가 현금포곡이요, 둘째가 대도곡, 셋째가 문군곡이었다. (대궐에 들어가서) 왕에게 아뢰니 왕은 크게 기뻐하여 칭찬하였다. 노래는 알려지지 않는다.

경문왕이 즉위하고 나서 당시의 화랑들이 왕을 위해 노래를 지었다. 그런데 그냥 노래가 아니라, 정치적 야심이 있는 이들이 지은 것이다. 경문왕은 화랑 출신으로 왕이 되었으니, 정치에 관심이 많던 이들에게는 더 없는 역할 모델이 되었을 터. 여기에 대한 정확한 기록은 없지만, 경문왕 대에는 화랑들이 대거 사회에 진출하는 것에서 더 나아가 화랑 집단 자체로서 정치적인 활동을 모색했던 것 같다. 《삼국유사》에 나온 '나라를 다스리려는 뜻을 가진 화랑들'은 이런 것을 뜻한다고 생각된다.

그들의 노래는 어떤 내용을 담고 있을까. 나라를 다스리려는 뜻이 있다고는 하나 어떻게 다스리겠다는 것일까? 이 노래들이 실전(失傳)된 것이 못내 아쉽다. 하지만 신라 하대의 어지러운 정치상을 개탄하며, 백성의 삶을 비롯한 지켜져야 할 중요한 것들이 지켜지지 못하는 세상을 바로잡아 보이겠다는 의미를 분명히 담고 있었으리라. 어쩌면 그 노래는 이제 없어져버린 《삼대목》에 실렸을지도 모른다. 경문왕에게 자신들의 뜻을 전달하려는 화랑들이 경문왕과 연락책으로 선택한 사람이 《삼대목》의 편집을 도맡은 대구화상이었다는 기록을 보면 더욱 그럴 것 같다. 게다가 이 대구화상은 위홍과도 함께 일을 할 정도로 왕실과 가까운 사이였다. 곧, 진골귀족들을 약화시키고 왕권을 강화하려던 경문왕과 화랑 왕의 즉위를 계기로 새로이 정계에 진출하고자 한 화랑들이 서로 결탁했다는 것은 쉽게 짐작하고도 남음이 있다.

육두품, 개혁의 원동력이 되다

마지막으로 경문왕에게 힘이 되어주었던 기반 세력으로는 최치원(崔致遠)을 비롯한 육두품을 들 수 있다. 물론 최치원이 신라에서 활동한 것은 경문왕이 죽고 난 뒤, 그의 딸인 51대 진성여왕 때이다. 그렇지만 그는 경문왕 시대의 영향을 받았고, 나라의 지원으로 당나라에 유학할 수 있었다. 그리고 숭복사비명을 비롯하여 경문왕 시대의 일들이 그의 붓 끝을 통해 역사에 남겨졌다. 만약 최치원이 없었더라면 경문왕이 나라를 다스리기 위해 많은 일을 벌이고 노력했다는 사실이 후대 사람들에게 제대로 전해지지 못했을 것이다. 이러니 그가 경문왕이 살았던 시기의, 혹은 통치의 '결과'라고 보아도 큰 잘못은 아니라고 생각한다.

최치원은 헌안왕 1년(857)에 육두품의 신분으로 태어났다. 그렇다면 경문왕이 즉위하던 당시에는 고작 세 살 정도 되었을 테니, 경문왕과는 적어도 20년 넘게 나이 차이가 난다. 그는 영민해서 소년시절부터 학문을 좋아했다고 하는데, 아무리 뛰어나고 소질이 풍부한 재목이라고 해도 역시 어떻게 교육을 시키느냐가 중요하다. 최치원은 경문왕 8년에 당나라로 떠났다. 그렇다면 열두 살에 외국 유학을 간 것인데, 요즈음으로 치면 조기 유학생이다. 하지만 그의 아버지는 "10년 안에 급제 못하면 내 아들이 아니다. 가서 부지런히 힘을 다하라"고 말했다고 한다. 멀고 힘든 길 가는 아들에게 따스한 말이나 위로가 아닌, 의절하겠다는 협박을 한 셈이다. 아마도 배를 타고 당나라까지 갔을 텐데, 당시로서는 가히 목숨을 건 위험한 모험이었다. 실제로 경문왕 2년에는 견당사가 탄 배가 풍랑을 만나 익사한 일도 있지 않았던가.

어쨌든 최치원은 무사히 당나라에 도착해 공부를 시작했지만, 그 역시 만만하지는 않았을 것이다. 그때의 유학환경이 어땠을지는 모르지만 말도 안 통할 뿐더러 같은 고향사람들도 드물었을 테니 외로웠으리라. 성실하게 열심히 공부한 끝에 최치원은 다행히도 6년 뒤인 874년, 18세의 나이로 빈공과에 당당히 급제했다. 이때는 경문왕 14년으로,《삼국사기》〈신라본기〉에까지 최치원의 급제 사실이 기록되어 있는 것을 볼 때 아마도 그의 성공은 그 당시 신라 사람들을 크게 고무시킨 국제적인 사건이 아니었을까?

빈공과란 당나라를 비롯한 중국에서 외국인을 대상으로 실시되던 과거, 즉 외국인을 위한 국가고시였다. 중국인이 아닌 사람으로서 중국의 세계에 편입하기 위한 많지 않은 길 중 하나였다. 발해가 당시 해동성국이라고 이름을 떨친 까닭도 여기 빈공과에 합격한 사람들을 대거 배출했기 때문이다. 신라에서는 주로 육두품들이 이 시험에서 합격했는데, 최치원을 필두로 최승우(崔承祐), 최인연[후일 최언위(崔彦撝)로 개명] 등이 시험에 합격했다. 이 시험에 합격했다는 것은 개인에게는 대단한 영예인 동시에 국위를 선양하는 일이라서, 여기에 경쟁이 붙은 신라와 발해는 자기 쪽이 더 많은 합격생을 배출하고자 당나라에 로비 활동마저 벌였다고 한다.

신라시대 유학생들은 유학비용을 누가 부담했느냐에 따라 크게 둘로 나뉜다. 관비유학생과 사비유학생이 바로 그것인데, 관비유학생은 요즘의 국비장학생의 개념으로, 학비는 신라와 당에서 함께 부담했다.《삼국사기》경문왕 9년의 기록을 보면, 학생 이동(李同) 등 세 사람을 진봉사(進奉使) 김윤(金胤)에게 딸려 보내 당나라에서 공부하게 하고, 책값으로 은 300냥을 내려주었다는 말이 있다. 나라에서 직접 유학을 보내주는 것이니 굉장한 특혜라고 할 수 있었는데, 대신 여기에는 규제와 조건이 까다로워 학업연한은 물론이고, 인원수도 열 명 내외로 제한되었고 정부의 통제가 뒤따랐다. 아마도 국가에서 정책적으로 육성히는 분야의 전문인력 양성책이었을 것이다. 사비유학생은 개별적으로 가는 유학으로 모든 비용을 자신이 부담하는 대신 행동이 좀 더 자유로웠다. 유학생이 공부하는 데 드는 비용이 만만치 않았기 때문에, 사비유학생은 대개 상당한 재력을 가진 귀족이어야 가능한 일이었다.

최치원은 사비유학생이기보다는 관비유학생이었을 가능성이 높다.

그 이유 중 하나로 최치원의 집안은 육두품으로 경문왕과 밀접한 관계를 맺고 있었음이 분명하기 때문이다. 우선 최치원의 아버지 최견일(崔肩逸)은 경문왕 5년에 숭복사를 수리하는 데 참가했고, 최치원의 친형인 현준은 신라 하대 화엄종의 사찰이자 지금은 팔만대장경으로 유명해진 해인사에 주석(駐錫, 스님이 입산하여 안주하는 것)하고 있었다. 사촌 동생인 최인연은 최치원처럼 당나라에서 유학한 뒤 귀국하여 집사시랑을 맡았고, 또 다른 사촌인 최서원은 당나라로 파견되는 견당사의 수행원으로 활동하기도 했다. 그리고 최치원 자신은 잘 알려진 대로 진성여왕에게 정치 개혁안을 내놓고 숭복사비명을 작성하는 등 적극적인 정치활동을 했다.

위에 언급한 최치원 집안 사람들이 성장하고 활동한 시기는 경문왕과 그 후손 왕들이 다스렸던 시대와 겹쳐진다. 지나치게 세력이 커져버린 진골귀족이나 여타 선종 세력들을 왕 혼자 견제하는 데에는 한계가 있었다. 주변에 심복과 믿을 만한 화랑들이 몇 있다고 해도 그들이 '집단' 혹은 '계층'을 모두 상대할 수는 없는 노릇이었다. 따라서 왕의 편에 서서 적극적으로 진골귀족과 맞서 경쟁해줄 계층이 필요했다. 이런 이유로 경문왕은 골품제의 장벽에 막혀 사회의 주도권에서 소외되어 있던 육두품을 정치적 파트너로 끌어들였고, 그들이 정계와 종교계에 진출하는 것을 후원했던 것이다. 여기에는 육두품들이 특권을 누리고 있는 진골귀족들에게 가졌을 반감을 염두에 둔 것이겠지만, 그들이 왕의 지배를 이념적으로 정당화해주는 유학에 심취했던 사실도 크게 작용했다고 본다.

당시 상당수의 육두품들은 중국 유학을 갈망했고, 이를 통해 빈공과에 합격하기를 간절히 기원했다. 여기에는 당나라가 당시 선진국이었던 데도 이유가 있겠지만, 골품제도에 막혀 더 이상 신라에서는 출세할 수 없다는 것에 대한 반발이 더 컸다. 골품제도는 신라의 전통적인 신분제도로, 혈통을 엄격하게 따지며 폐쇄적인 성향이 강했다. 《삼국사기》의 〈잡지(雜志)〉에 따르면, 신라는 신분에 따라 모든 것이 결정되었다. 진골에서 육두품, 오두품, 사두품, 서인에 이르기까지 입는 옷, 쓰는 식기, 사는 집 등 지극히 소소한 것까지도 규정이 있었고, 설령 누군가가 아무리 유능하다고 해도, 그 사람의 골품에 규정된 단계 이상의 벼슬을 받을 수 없었다. 반대로 천하에 둘도 없는 게으름뱅이에다 노력과는 전생의 연도 없었을 사람이라 해도 출신만 좋다면야 별다른 노력 없이 다른 사람들 머리 위에 설 수 있었다.

물론 신분제도는 고려나 조선시대에도 있었지만, 신라의 골품제도는 조금 지나친 데가 있었다. 더군다나, 그렇게 억울하게 밀려난 육두품 중에서 최치원 같은 신라 후기의 거물급 인재들이 대거 쏟아져 나왔다는 세 녀 큰 문제였다. 하지만 아무리 높은 뜻과 뛰어난 능력을 가졌다고 해도, 육두품인 이상 나태하고 못난 진골귀족들의 수발을 드는 게 고작이었다. 중국에서 외국인으로서 차별받는 것보다도 고국에서 낮은 골품으로 묶여 지내는 것이 더욱 고통스러웠기에, 그들은 생명의 위험과 생활의 고됨을 무릅쓰고 중국으로 건너갔던 것이었다. 그렇게 본다면 최치원의 아버지 최견일의 "합격하지 못하면 아들이 아니다"라고 했던 말은 엄한 훈계가 아니라, 차라리 간절한 염원이었다. 그 자신도 평생 골품제도에 대한 한을 품고 살아왔을 테니, 아들만은 거기에서 벗어나기를 바란 평생의 소원인 것이다.

물론 유학을 간 모든 사람이 바라던 꿈을 이룬 것은 아니었다. 최치원은 그중 가장 성공적인 예였기에 지금까지 기억되는 것이겠지만 힘들게 떠난 유학길에 사고를 당할 수도 있을 수 있고, 해적을 만날 수도, 넘을 수 없는 벽을 만나 좌절했을 수도 있다. 그리고 말이 제대로 통할 리가 없는 객지에서 겪게 될 외로움과 고생이야 이루 형언할 수 없을 것이다. 얼마나 많은 사람들이 이를 악물고 건너가서는 또 좌절했을까.

본래 신라인이었으나 당나라로 건너가 당 태종 휘하의 병사가 되어 고구려 정벌에 참여했던 설계두의 열전이 《삼국사기》에 전한다. 그 열전의 한 구절은 당시 신라사회 골품제도의 벽에 막힌 한 맺힌 사람들의 절규를 그대로 보여주는 것 같다.

신라에서 사람을 등용하는 데 골품을 따지기 때문에 진실로 그 족속이 아니면, 비록 큰 재주와 뛰어난 공이 있어도 그 한계를 넘을 수가 없다. 나는 원컨대 서쪽 나라(중국)로 가서 세상에서 보기 드문 지략을 드날려 특별한 공을 세워 스스로의 힘으로 영광스런 관직에 올라 의관을 차려 입고 칼을 차고서 천자의 측근에 출입하면 만족하겠다.

마침내 설계두는 요동의 주필산에서 고구려군과 싸우다 전사했고, 사정을 들은 당 태종은 이 외롭게 죽은 외국인의 주검 위에 어의를 덮어 장사지내주었다. 골품제를 뛰어넘는 것보다도 국적을 뛰어넘는 것이 쉬웠다니, 그 사회는 어딘가 잘못되도 크게 잘못된 게 아닌가. 게다가 당 태종 때는 신라가 통일을 앞두고 활발하게 뻗어나가던 전성기였다. 그 당시에도 이렇게 차별이 심했다면, 온갖 모순과 말기적 현상이 두드러진 신라 하대에는 한층 더 심각했을 것이 분명하다. 그래서 경문왕과 육두품 간의 정치적 공조는 이후로도 한참 이어진 듯하다.

경문왕 사후, 귀국한 최치원은 진성여왕에게 정치개혁안인 시무(時務) 10여 조를 제안했는데, 왕은 그것을 기꺼이 받아들이고 최치원을 아찬으로 삼았다고 한다. 그러나 쇠약해질 대로 쇠약해진 신라의 왕권으로서는 이 같은 개혁안을 실행할 힘이 없었고, 최치원은 진골귀족 세력들의 견제를 받아 정계에서 밀려나게 되었다. 당시 그가 처했던 상황에 대해, 《삼국사기》는 다음과 같이 짧게 기술하고 있다.

혼란한 세상을 만나 발이 묶이고 걸핏하면 허물을 뒤집어쓰니 때를 만나지 못한 것을 스스로 가슴 아파하여 다시 관직에 나갈 뜻이 전혀 없었다.

결국, 때를 만나지 못한 불우한 신라의 천재는 정처 없이 방랑을 하거나, 시를 지으며 해인사에서 숨어살다가 언제인지도 모르게 쓸쓸하게 죽었다고 전한다. 최치원은 신라에서, 아니 우리나라 역사 속에서도 손

꼽히는 문장가였다. 그가 당나라에서 벼슬을 하고 있을 때, 반란을 일으켰던 황소(黃巢)를 성토한 〈격황소서〉는 황소 본인도 읽다가 간담이 서늘해져 상 앞에 엎어지는 것도 모를 정도로 놀랐다는 이야기가 전한다. 물론 반쯤은 과장된 이야기겠지만, 사산비명 등에 남아 있는 최치원의 글은 지금 읽어도 감칠맛이 있고 뛰어난 문장력을 갖추고 있어 과연 일세의 명문이라는 말에 부족함이 없다. 그러나 모순으로 뒤틀린 신라 사회는 이렇게 훌륭한 인재들을 제대로 쓰지도 못했으니 아쉬운 노릇이다. 다른 한편으로, 이처럼 신라의 부당한 신분제와 처우에 대한 반발심은 육두품들을 중심으로 현실을 개혁하고 극복하려는 의지의 강력한 원동력이 되었다. 실제로《삼국사기》의 〈최치원 열전〉에 따르면, 최치원이 초야에 묻혀 기른 제자들이 고려 건국에 큰 힘이 되었다고 하여 고려 현종 때 최치원에게 문창후(文昌侯)라는 시호를 내렸다고 한다.

세 차례의 반역

하지만 모든 것이 순탄하지만은 않았다. 경문왕은 즉위한 이후 왕족들을 달래고, 미륵신앙과 선종을 포용하고, 당나라로부터 신라의 왕으로 공식적인 인정을 받는 등 진력을 다했지만, 모두가 그것을 기꺼워한 것은 아니었다. 개혁은 곧 변화를 의미한다. 이제까지 있던 것들이 하루아침에 변하는 것을 싫어하는 사람들은 어느 시대나 항상 있게 마련이다. 그런 변화가 특히 자신에게 어떤 해를 끼치게 된다면, 그들은 자신을 방어하기 위해 모든 것을 걸고 도전해올 수도 있었다. 가장 극단적인 형태는 아무래도 반란이었다. 경문왕의 통치 방식을 싫어하고, 반대한 자들은 마침내 반란까지 일으켰다.

경문왕 시대를 통틀어 사서에 기록된 반란은 모두 세 번이다. 가장 먼저 866년, 경문왕이 즉위한 지 6년째가 되던 해 10월에는 이찬 윤흥(允興)과 그 동생 숙흥(叔興), 계흥(季興)이 반란을 일으켰다. 흥자 돌림이었던 세 형제가 작당하여 한꺼번에 반란을 일으킨 것이다. 이름에 쓰인 한 자로 본다면 윤(允)은 맏이를 뜻하고, 숙(叔)은 셋째를 뜻하며, 계(季)는 막내를 뜻한다. 이들 형제는 김씨 성을 지닌 진골 출신이었다. 특히 윤흥은 《삼국사기》의 〈악지(樂志)〉에 기록될 정도로 음악에 재능이 있었던 사람이었다.

신라 음악의 역사를 보면, 먼저 사찬 공영의 아들 옥보고(玉寶高)가 지리산 운상원(雲上院)에 들어가서 거문고를 배운 지 50년 만에 스스로 신조(新調) 30곡을 만들어 속명득(續命得)에게 전했다고 한다. 또 속명득이 이를 귀금 선생(貴金先生)에게 전하니, 선생 또한 지리산에 들어가 나오지 않았다고 한다. 신라 왕(정확히 누구인지는 알 수 없으나)이 거문고의 이치와 타는 법[琴道]이 단절될까 우려하여 이찬 윤흥(允興)에게 일러 "방편을 써서라도 그 음을 전할 수 있게 하라"하고 드디어 남원(南原) 군수 자리를 맡겼다고 한다.

명령을 받은 윤흥은 거문고를 배울 만한 소질이 있는 소년을 둘 뽑아 귀금 선생에게 보내어 배우게 했다. 그런데 이 귀금 선생은 무슨 심보였는지 대강의 기술은 가르쳐줬지만, 정말 중요한 기술은 숨기고 가르쳐 주지 않았다고 한다. 이러니 윤흥은 애가 탈 수 밖에 없었다. 이래저래 의미 없이 3년이 지나자, 마침내 마음을 다 잡은 윤흥은 팔을 걷고 나서서 부인과 함께 귀금 선생을 찾아갔다.

"우리 왕이 나를 남원에 보낸 것은 바로 선생의 기술을 전수하고자

한 것입니다. 지금까지 3년이 되었으나 선생이 숨기고 전하지 않는 것
이 있으니, 나는 복명할 수가 없습니다.”

복명이란 왕에게 아뢸 수 없다는 말이다. 즉 아무런 성과도 무엇도 없
으니까 임금을 뵐 면목이 없다는 말과 비슷하다고 보면 된다. 그리고 나
서 윤흥은 두 손으로 술잔을 받들고 그의 부인은 잔을 들고 무릎으로 기
면서 선생에게 예절과 성의를 다하였다. 그렇게 귀금 선생을 감동시킨
뒤에야 그가 숨기던 〈표풍(飄風)〉 등 세 곡을 전수받을 수 있었고, 이로
써 거문고의 전통이 신라에 이어졌다고 한다. 무릎으로 긴다는 것은 그
만큼 자신을 낮추고 상대를 높였다는 뜻이다. 아무리 왕의 명령이라고
는 하나, 그 당시 악공은 천민들이나 하는 일이었다. 그런데 이찬 벼슬의
진골귀족이나 되는 사람이 그에게 기꺼이 무릎을 꿇고 부탁하고 빌었으
니, 보통사람은 할 수 없는 노릇이었다. 한편으로는 이처럼 윤흥은 목적
을 달성하기 위해서 자존심을 꺾고 수단을 안 가리는 사람이니 반란을
일으킬 결심을 할 수 있었나 싶다.

한편, 김입지가 찬술하여 성주사에 세워셨넌 비는, 이제 몇 개의 비편
으로 남아 있는데, 여기에 문성왕 대의 왕실 측근으로 유력한 인물이었
던 위흔[김양(金陽)을 이름]과 함께 윤흥의 이름이 거론되고 있다. 성주사
는 낭혜 무염이 847년경에 창건한 사찰로 구산선문 가운데 하나였다. 이
런 사찰을 개창하는 데 있어 윤흥이 개입했다는 것은 그가 가진 영향력
과 경제력이 대단했다는 것을 짐작하게 한다. 하지만 〈악지〉의 기사에서

보이는 것처럼 원래는 왕권에 밀착되어 있었던 윤흥이 경문왕 대에는 오히려 아우들과 함께 모반을 꾀했으니 대체 무슨 일이 있었던 것일까?

여기서 주목할 만한 점은 윤흥이 모반을 꾀할 때가 경문왕 6년 10월이었다는 것이다. 이보다 9개월 앞선 정월에는 경문왕이 선친인 계명을 의공대왕이라 봉하고 어머니 광화부인 박씨를 광의왕태후로 봉하였으며, 부인 김씨를 문의왕후라 하고, 아들 정을 태자로 삼았다. 이러한 사실을 감안하면 그의 즉위에 막강한 영향력을 미쳤고 또 즉위 후에도 계속 그의 커다란 배후 세력이었던 계명이 이미 사망하였음을 알 수 있다. 《삼국사기》에도 계명의 죽음에 대한 직접적인 기록은 남아 있지 않지만, 일반적으로 왕의 부친을 대왕으로 추봉하는 시기가 대체로 신왕 즉위 2년 1월이었던 점을 감안해본다면, 경문왕 6년 1월에 추봉된 김계명은 아무래도 전해에 죽은 듯하다. 이에 경문왕은 계명을 대왕으로 추봉함과 동시에 아들 정을 태자로 삼았는데, 자신의 왕권을 강화하기 위한 의미가 명백하다. 그러나 경문왕에게 왕위를 넘겨주었던 균정계에서 보면 계명의 죽음은 자신들이 정권을 빼앗을 수 있는 좋은 기회였다. 이에 가장 먼저 모반을 꾀한 것이 윤흥 형제였다. 하지만 이들은 실패하였고 그 일족이 몰살당했다. 다른 한편으로는 바로 전해에 경문왕이 태자 정을 책봉했기 때문에 자신들의 왕위계승 가능성이 봉쇄된 점에 반발한 것이라고 보는 시각도 있다. 그렇다고는 해도 반란 세력에 대한 가혹한 처벌에 관해서 다소 주목할 필요가 있다. 이전 왕위쟁탈전이 치열하게 전개되던 시대에는 반란의 주모자와 그의 집안에 대한 철저한 보복은 힘들었다.

아무리 반역 죄인이라고 해도, 어느 정도 왕권이 안정되고 왕에게 군사력이 있어야 처벌을 할 수 있는 것이다. 결국 윤흥 형제의 역모에 대한 강력한 제재는 이미 그 당시의 경문왕의 통치는 안정되고 또 견고해져서, 가벼운 반란에 뒤흔들릴 정도는 아니었음을 보여주는 사례였다.

두 번째 반란은 경문왕 8년에 있었다. 868년 봄 정월에 이찬 김예(金銳)와 김현(金鉉) 등이 반란을 꾀하다가 죽임을 당했다. 이번에는 반란이 직접 실행에 옮겨지기 전에, 미리 경문왕 쪽에서 역모자를 색출해서 처단한 것처럼 보인다. 경문왕은 이런 음모를 미리 밝혀낼 수 있을 만한 정보망을 갖추고 있었던 것일까? 그런데 이들이 반란을 일으킨 이유는 무엇이었을까? 《삼국사기》는 이들의 처형 소식만 알릴 뿐, 동기와 내막 그 어느 것도 전하지 않는다.

다만, 반란이 계획된 계기를 애써 추측해본다면 한 가지 짐작되는 게 있기는 하다. 바로 전해인 867년 12월, 객성(客星)이 태백성을 범한 일이 있었다. 태백성은 금성으로, 스스로 빛을 내는 게 아니라 행성이 태양 빛을 받아 반사해서 별처럼 보이는 것이다. 그래도 유난히 밝기 때문에 잘 보여서 새벽에 보이는 것을 계명성이라 했고, 저녁에 보이는 것을 태백성이라 했다. 객성이란 글자 그대로 손님별이란 뜻인데, 이제까지 있지 않았다가 갑자기 나타난 것을 말했다. 물론 없던 별이 갑자기 생겨날 리는 없다. 잠깐 지나가는 혜성이나, 아니면 천체의 수명을 다한 항성이 폭발하면서 일시적으로 빛이 밝아진 것을 천체 망원경이나 천문학 지식이 부족했던 옛날 사람들은 없던 별이 새로 생긴 것으로 여겼다. 이런 현상은 밤하늘에 눈을 두고 있던 동서양을 막론한 사람들에게 보인 터라, 서양에서는 새로운 별이 나타난 것이라고 보고 신성(nova)이라고 했고, 동양에서는 손님이 온 것 같다고 해서 객성(客星)이라고 했다.

경문왕 7년 당시에는 아마도 이런 객성이 나타나는 자리에 금성의 궤도가 겹쳐진 것이리라. 지금에는 그냥 자연 현상으로 여겨지시만, 그 당시의 사람들에게는 무언가 중요한 사건이 생길 징조라고 받아들여졌다. 사실 《삼국사기》에는 이상한 천체 현상에 대해 기록한 것이 상당히 많았는데, 이들은 길조나 흉조를 뜻한다고 여겨졌다. 그중에서도 가장 흔한 것은 바로 왕의 죽음 혹은 교체에 앞서 벌어진 이상한 현상이었다.

효성왕 여름 5월에 유성이 삼대(參大) 별자리를 침범하였다.

경덕왕 24년 유성이 심(心) 별자리를 범하였다.

혜공왕 15년 금성[太白]이 달에 들어갔다.

애장왕 10년 봄 정월에 달이 필성(畢星)을 침범하였다.

흥덕왕 11년 가을 7월에 금성[太白]이 달을 침범하였다.

　사실 《삼국사기》는 물론이요, 《조선왕조실록》에 이르기까지 사서에는 이런 천체의 기이한 현상이나 이변을 기록한 것이 무수하게 많다. 하지만 위에 추려낸 것은 특별히 《삼국사기》에 기록된 왕들이 죽은 해, 혹은 바로 그 전해에 있던 것들만 골라낸 것이다. 하나같이 무엇이 무엇을 침범하거나 가리는 천체 현상이 일어났음을 기록하고 있다. 이처럼, 신라에서는 기묘한 천체 현상이 일어나면 가까운 시일 내에 왕이 죽거나 갈릴 것이라고 믿었던 것 같다. 허황된 말 같지만 선덕여왕 시기 염종과 비담의 난이 벌어졌을 때도 비슷한 일이 있었다. 갑작스럽게 유성이 여왕의 진지 쪽으로 떨어지자 불길한 조짐이라 여긴 병사들의 사기가 추락하자, 김유신이 커다란 연에다 불을 붙여 올리고 ‘별이 다시 하늘로 올라갔다’는 말을 지어 퍼뜨림으로써 사기를 북돋았다는 이야기 말이다.

　아무튼 이 두 번째 반란을 일으켰던 김예는 문성왕의 사촌 동생으로, 역시 신라의 진골귀족이었다. 855년 4월 경주 창림사 무구정탑을 건립할 때 수조사였는데, 당시 그의 관등은 사지, 관직은 행웅주 기량현(현 충남 아산군 신창면) 현령이었다. 그러니까 김예는 문성왕이 죽은 이후, 지방을 떠나 중앙으로 진출해 세력을 키웠던 것이다. 그리고 객성이 태백성을 범하자 새로운 변동이 일어날 징조, 왕의 운명이 다한 것으로 생각하고 반란을 계획했을지도 모른다. 지금 사람들이 본다면 말도 안 되는 일 같지만, 당시 야심을 지닌 사람들에게는 하늘이 왕을 버리고, 자신을 편들어주는 징조로 믿어 의심치 않았을 것이다.

마지막이자 가장 큰 규모의 반란은 경문왕 14년인 874년에 있었다. 이찬 벼슬에 있었던 근종(近宗)이 반역을 꾀하여 군대를 이끌고 궁궐을 침범했다. 경문왕은 곧장 반격에 나섰고, 궁궐을 지키는 금군(禁軍)으로 반란군들을 진압했다. 기가 꺾인 근종은 밤을 틈타 그를 지지하는 이들과 함께 달아나려 했지만 추격해온 금군에게 붙잡힘으로써 반란은 종결되었다. 이제껏 반란이 몇 번 있었지만, 궁궐에까지 직접 쳐들어왔던 경우는 없었다. 경문왕에게는 절대절명의 순간이 아니라 할 수 없는데, 종이 한 장의 차이로 금군이 승리를 거두었고, 반란은 진압되었다. 그들 금군은 화랑이었던 경문왕을 모시던 낭도들이었거나, 범교사 같은 화랑들의 지도로 무예를 갈고 닦은 친위부대가 아니었을까 생각된다. 어쩌면 그들을 지휘한 것은 친동생이자 병부령인 위홍일지도 모른다. 이를 뒷받침할 만한 사료가 전혀 없으니 어디까지나 필자의 상상에 그칠 뿐이지만. 어쨌든 경문왕 휘하의 금군은 반란군의 기습을 충분히 제압할 만큼 강력한 무력을 갖추고 있었다는 뜻이 된다.

그러나 다른 한편으로는, 궁궐로 직접 쳐들어올 만큼 대대적인 반란이 용의주도하게 준비되고 있었는데, 경문왕이 그런 움직임을 눈치 채지 못했다는 뜻도 된다. 또한 외부의 도움 없이 경문왕이 거느린 금군만으로 사태를 해결했다는 것은, 당시 금성 안의 기타 귀족 세력들이 적극적인 반란군 편이 되지는 않았더라도 경문왕의 편을 들어주기를 꺼려했던 것일지도 모른다. 언제나 역사서에 실린 과거의 이야기는 아주 짧은 편린만이 남는다. 백 가지 일이 있다면 그중 한 가지가 남을까 말까한 정도이고, 천 년도 훨씬 오래 전인 신라의 일이라면 그런 정도는 훨씬 더 하다. 하지만 이처럼 작고 단편적인, 아무 의미 없어보이는 파편에서 의외로 중요한 수수께끼를 발견할 수도 있다. 역사에 숨겨진 비밀들을 밝혀내는 데는 이런 재미가 있다.

세 번째의 반란도 무사히 진압되었다. 하지만 이찬 근종이 난을 일으킨 분명한 이유는 알 수 없다. 다만 반란에 앞서 황룡사 9층목탑을 중수했던 일이 마음에 걸린다. 비용도 노동력도 많이 들어가는 일이었는데 거기에 드는 비용은 나라가 부담한 것처럼 되어 있지만, 결국 고스란히 왕족이나 귀족들, 그리고 백성들에게 돌아가게 되어 있다. 국가적인 사업이라고는 하나, 하지 않아도 사는 데 전혀 지장 없는 일을 굳이 벌이는 왕이 달갑지만은 않았을 것이다. 이런 공사에 동원되어 이런저런 고생을 하는 왕족들이나 지배 세력들 그리고 일반 백성들은 많은 불만을 품었을지 모른다. 근종은 이러한 불만을 이용해 민애왕이 그랬던 것처럼 왕을 축출하고 자신이 새로운 왕이 되려 했던 게 아니었을까. 반란이 빠르게 발각되지 않은 이유도 이런 배경 탓인지 모른나. 어쨌든 반란이 진압된 뒤, 경문왕은 체포된 반역자 근종을 거열형에 처했다. 거열형은 수레[車]로 찢는다[列]는 뜻으로, 죄인의 몸을 네 대 혹은 다섯 대의 수레에 매달고 각 방향으로 말을 달리게 하여 사지를 찢어 죽이는 것이다.

이 형벌은 원래 중국에서 만들어졌는데, 수·당시대 이후에는 지나치게 잔인하다 하여 법전상에서는 없어졌다. 그러나 중국은 물론이요 우리나라의 역사를 보면 경문왕 때 이후로도 거열형이 실시된 기록이 있다. 훨씬 훗날인 고려 공민왕 23년 겨울에 왕을 시해한 최만생 · 홍륜이 거열형에 처해졌으며, 우왕 8년에 김극공이 이 형벌을 받았다고 한다. 이처럼 사람의 몸을 갈기갈기 찢는 것만으로도 끔찍한데, 그것도 모자라 찢겨진 몸 조각들을 소금에 절여 여러 지방에 보내 본보기로 삼았다. 이것을 조리돌림이라고 했다. 사람 몸도 한낱 고깃덩어리이니 오래 있으면 썩거나 벌레가 꾫게 되지만, 그래도 세상에 다시 없이 추악한 죄인의 몸뚱이라 땅에 묻히지 못한 채 전국을 돌며 구경거리가 되어야 했다. 그토록 잔인한 형벌을 시행했던 것은, 왕에게 반기를 들면 어떻게 되는지 지독한 본보기를 보임으로써 사회에 경각심을 안겨주려는 극약처방이었다. 이미 즉위한 동안 두 번의 반란이 있으니 경문왕도 신경이 날카로워졌을 것이다. 게다가 이제까지 있었던 반란 중에서, 근종의 반란은 가장 규모가 컸던 것 같고, 경문왕에게 닥친 최대 위기였던 게 아니었을까. 따라서 반역자를 잔인하게 처벌하여 사회의 기강을 세워야 할 필요성이 절실했던 것으로 헤아려진다.

이렇게 반역자의 처분이 끝나고, 반란이 정리되었을 즈음인 9월에 경문왕은 월정당을 거듭 수리하였다. 근종이 궁궐을 침입했을 때 이 건물이 크게 훼손되었기 때문이라고 추측할 수 있다. 궁궐 안에서 벌어졌던 금군과 반란군의 싸움은 대단히 격렬했던 듯하다. 비록 어떻게든 물리쳤다곤 하지만, 왕실이 입은 타격도 만만치 않았다. 이에 왕은 월정당을 중수하여 왕으로서 외형적인 체면을 되찾을 필요가 있었다.

과인은 뱀이 없으면 잠을 이루지 못하니…

경문왕 시기에 세 번에 걸쳐 벌어졌던 반란들은, 왕위를 찬탈하려는 욕심도 분명히 작용했겠지만 그의 즉위와 더불어 화랑, 불교 세력, 육두품을 비롯한 신진 세력들이 대거 등용되어, 이전까지 권력의 중심부에 있었던 진골귀족들이 한 차례 밀려난 데 따른 불만이 폭발했기 때문으로 보인다. 그만큼 개혁이 벌어지고 정치를 주도하던 계층의 물갈이가 있었던 게 아닐까. 이처럼 반란이 거듭 벌어지는 나라는 결코 평화롭거나 안정적이라고 할 수 없었다. 그런 나날이 계속된다면 사람들은 불안해하고, 왕권은 뒤흔들릴 것이다. 그나마 다행인 것은 이런 반란들이 채 몇 달 가기 전에 재빨리 진압되었다는 점이다. 반란을 시도로 끝나게 할 만큼 왕의 힘이 강력해졌다는 것, 이는 곧 경문왕의 통치가 그만큼 안정되고 강력했음을 반증한다. 바로 선대의 신라 왕들에 비하면 대단한 발전이랄 수 있다. 앞에서 말했듯이 이것은 경문왕 혼자의 능력보다도 육두품과 화랑 등 그렇게 되도록 도와준 이들이 있었기 때문이다. 그런데 여기에서 생각나는 것은, 경문왕과 관련된 세 가지 설화 중 하나인 뱀의 이야기이다. 잠시 《삼국유사》에 실린 설화 내용의 전문을 살펴보자.

왕의 침전에는 매일 저녁마다 무수한 뱀이 모여들어, 궁인이 놀라고 두려워하여 쫓아내려고 하니 왕이 말하기를, "과인은 만약 뱀이 없으면 편안한 잠을 잘 수 없으니 마땅히 금하지 말라"고 하였다. (왕이) 잘 때마다 (뱀이) 혀를 내밀고 온 가슴을 가득 차게 덮어주었다.

이 설화를 보고, 텔레비전에서 세계 풍물을 소개하는 프로그램에 가끔 나오는 뱀을 데리고 목에 걸거나 팔에 두르는 사람들을 떠올릴지도 모르겠다. 뱀이라고 하면, 가장 먼저 깜짝 놀라는 게 보통 사람의 반응이다. 다리도 없고 털도 없고, 비늘로 몸이 뒤덮이고, 냉혈동물이라 여름이고 겨울이고 싸늘하며, 결정적으로 날카로운 이빨을 가지고 있고 가끔은 독을 내어 사람을 죽이기도 한다. 경문왕의 설화 속에서도 사람들은 두려워하며 뱀들을 쫓아내려 했다. 그런 이유가 아니더라도 뱀을 가슴 위에 올려놓아야만 편하게 잘 수 있는 사람이라니, 그런 경문왕의 자는 광경을 상상만 해도 섬뜩한 광경이 아닐 수 없다. 그렇다면 왜 하필이면 뱀이었을까?

이 문제를 제대로 이해하려면, 우선 뱀이라는 동물이 그 옛날 신라인들에게 어떻게 받아들여졌는지를 생각해야 한다. 물론, 서양에서 뱀은 둘도 없는 사악함의 상징이었다. 길가메시(Gilgamesh)의 불로초를 훔쳐 간 것도 뱀이었고, 성서에 나온 악마도 뱀의 모습을 하고 아담과 이브를 유혹했다. 마찬가지로 중세에 사악함의 화신으로 간주되어 성자나 기사가 매번 물리쳐야 하는 용도 길게 보면 뱀에서 파생된 것이라고 한다. 우리나라에서 이무기는 집의 수호신으로 여겨지기도 했지만, 일반적으로 사람들이 뱀을 께름칙하게 여겼고, 심지어 제주도에서는 이무기를 사람을 잡아먹는 나쁜 뱀이라고 여겼다. 그런 뱀이 한두 마리도 아니고 무수히 몰려들어 왕을 둘러싸고 있었으니, 다른 궁인들은 두려워서 감히 왕에게 다가가지도 못했을 것이다. 또 그런 징그러운 짐승들을 두고도 경문왕은 두려워하기는커녕, 뱀들이 없으면 잠을 잘 수 없다며 계속 곁에 두었다고 하니 더욱 이상하다. 이것이 그냥 전해지는 옛날이야기라면 기담(奇談)일 뿐이지만, 역사적으로 어떤 중요한 의미가 있었던 것은 아닌지 궁금해진다.

만약 이런 설화가 경문왕을 탐탁지 않게 여겼던 진골귀족들이 퍼뜨린 이야기였다면 이 설화의 숨겨진 의미를 풀이하기가 한결 쉬워진다. 기존의 학계는 이 설화를 다음과 같이 해석하였다. 뱀은 곧 사악(邪惡)한 힘으로, 항상 경문왕의 몸을 둘러싸고 가려서 다른 사람과 격리하는 것을 뜻한다는 것이다. 실제로 궁인들은 가까이 다가오지 못했다고 하는데, 여기에서 말하는 궁인들이란 단순한 궁전의 하인들이기에 앞서 기존에 왕과 친밀한 관계를 유지하던 진골귀족들을 의미한다. 즉 처음 진골귀족들의 추대를 받아 왕위에 오른 경문왕은 완전히 딴 사람으로 변하여 선정을 베풀지 못했고, 왕 주변에 몰려든 뱀은 화랑 세력들을 뜻한다고 해석했다. 그러니 경문왕은 이들이 없으면 잠조차 들지 못한다고 한 것은 진골귀족 세력을 두려워하고, 그 대신 화랑 세력을 가까이 두고 그들끼리 정치를 진행한 것으로 보았디.

과연 범교사를 비롯한 그를 도우려고 노래를 지어 부른 화랑들은 과연 경문왕의 주변에 몰려 있던 뱀이었을까. 어째서 그들은 사람도 아닌 뱀으로 형상화되었을까. 이런 뱀 이야기를 당나귀 귀 이야기와 비교해 볼 때 한 가지 짐작 가는 것이 있다. 당나귀 귀 이야기가 진골귀족들을 억제하고 왕권 강화 정책을 벌이던 경문왕을 비꼬는 진골귀족들이 퍼뜨렸던 말인지도 모른다는 이야기는 앞에서 했다. 경문왕은 즉위한 뒤로 줄곧 왕권 강화에 매진했고, 그를 위해 육두품과 불교, 화랑 세력들을 끌어들였다. 이런 화랑들은 왕을 위해 충성을 다할 뿐만 아니라, 진골귀족들을 상대로 대립해서 잦은 충돌을 벌였을 것이다. 경문왕 8년의 반란모의를 왕에게 밀고한 것도, 14년의 반란군에 맞서 왕성을 지켰던 금군들도 바로 이들이었을 것이다. 이제까지 충분치 못한 세력 때문에 반란군에게 죽임을 당했던 예전의 신라 왕들에 비해 경문왕은 상당히 막강한 지지 세력을 갖췄던 셈이다. 경문왕 역시 많은 특혜를 부여해가며 친위 세력을 지속적으로 관리·양성했을 것이다. 그러니 기존의 기득권자들이었던 진골귀족들에게는 왕의 총애를 업고 자신들에게 도전하는 이들이 '뱀'처럼 보였을 것도 당연하다면 당연한 일이다. 그만큼 경문왕을 따르던 세력 역시 진골귀족들을 비난하고 어떤 이야기를 지어냈을지도 모르지만, 지금은 경문왕과 그의 친위 세력들을 호도하는 진골귀족들의 설화만 전한다.

기존 귀족 세력들을 억누르고 왕권 강화를 위해 노력했던 경문왕에 대한 이런 설화는 훗날 경문왕계가 끊어지고 박씨 왕계가 왕위에 오르면서 더욱 널리 유포되었을 것이라고 추측할 수 있다. 어떻게 보면, 박씨 왕계 역시 경문왕이 안정시킨 왕권 강화책의 덕을 보았다고 할 수 있지만, 그들이 타도했던 대상인 경문왕가를 부정하지 않고서는 그들 자신의 명분이 서지 않는 형편이었다. 그리하여, 여자와 서자라는 핸디캡이 있는 진성여왕과 효공왕에 대한 비하와 비난은 역사서에 버젓이 실릴 수 있었다. 그와 동시에 경문왕계의 가장 근본 뿌리인 경문왕 본인에 대한 비하 작업 역시 같이 진행되었다고 보는 게 자연스럽다. 이에 대해서는 다음 장에서 계속 이야기를 전개해보고자 한다.

그리고 또 한 사람, 영화부인

　마지막으로 충신도 역적도 아니었지만 그 시대에 살았고, 누구보다도 중요했고, 또 경문왕의 가장 가까운 동반자였던 사람의 이야기를 해보려고 한다. 바로 헌안왕의 딸이자, 경문왕의 왕비였던 영화부인이다. 가까운 친척 간이었다고는 하지만 첫째 공주나 둘째 공주 모두 궁전 밖의 사람이던 경문왕과는 서로 만날 일이 없었을지도 모른다. 어쨌든 경문왕은 두 사람 모두와 결혼할 수 있었다.

　이렇게 되니 어쩔 수 없이 궁금해지는데, 경문왕은 과연 두 부인 중 누구를 더 사랑했을까. 이유는 모르겠으나 경문왕이 화랑 시절부터 둘째 공주를 마음에 두고 있었다는 '설'이 일반적인 게 되어버렸다. 그래서 영화부인은 사실 첫째가 아닌 둘째 공주라는 이야기도 있다. 또한 마음에 두었다는 설은 한층 더 과장되어 '일찍부터 사모해온'이라는 내용으로 은근슬쩍 바뀌기도 한다. 그런데 그런 증거는 어디에도 없다.

즉위한 지 6년째 되는 해에 경문왕은 아들 정(晸)을 세자로 삼았다. 그러나 바로 전년인 5년 4월의 《삼국사기》의 기록을 보면 당나라가 신라에 여러 하사품을 내리면서 '왕태자'에게도 주었다고 하니 이미 그 전부터 세자가 확정되어 있던 것 같다. 그렇다면 그 아들의 나이는 과연 몇 살이었을까? 둘째 공주를 차비로 삼은 해가 3년이니, 아무리 빨리 아이를 갖는다 해도 1, 2년의 시간은 필요할 것이다. 그리고 만약 '총애했던' 둘째 공주인 영화부인의 자식을 세자로 삼았다면, 갓 돌 지난 젖먹이를 세자로 삼았다는 것인데 그것은 거의 불가능하다. 물론 조선의 숙종처럼 아들이 돌이 되자마자 당장 세자로 책봉했을 수도 있지만, 그건 예외 중의 예외로 보아야 할 것이고 아무래도 왕세자 정은 첫째 공주의 자식일 가능성이 더 크다. 《삼국사기》에도 둘째 공주가 영화부인의 동생이라고 기록되어 있는데, 왜 이런 잘못된 추측이 일반화되었는지…….

경문왕은 슬하에 자식을 넷 두었다. 세자로 책봉되었고, 훗날 헌강왕이 된 아들 정, 그 다음 정강왕이 된 황(晃)과 또 다른 아들 윤(胤)이 있었고, 딸 만은 진성여왕이 되었다. 앞서의 왕들이 자식이 적었던 데 비하면 그는 자식 부자였던 셈이다. 경문왕과 왕비 모두 젊은 나이에 죽었는데, 그만큼 자식을 두었다면 부부의 금슬은 꽤 좋았을는지도 모르겠다. 정과 황, 만이 연이어 즉위한 것을 본다면 아무래도 그들은 첫째 공주의 자식으로 추정된다. 아무리 헌안왕의 첫째 딸과 둘째 딸이 같은 자매 사이였다 해도 정비와 차비의 차이는 큰 것이고, 그런 어머니의 위치는 자식들에게도 그대로 전해졌을 것이다. 더욱이 왕위계승과 관련된 사항이라면 두말 할 필요도 없다. 그런데도, 첫째 공주는 죽어서 천 년이 지난 지금까지 동생의 미모 탓에 제 있을 자리와 자식마저도 빼앗기고 말았다.

경문왕이 즉위한 지 10년 째 되는 해인 870년 5월에 왕비가 죽었다는 기사가 《삼국사기》에 실려 있다. 그렇다면 아마도 영화부인을 일컫는 말이었을 텐데, 어떤 이유로 죽었는지도 역시 기록되어 있지 않아 알 수 없었다. 처음 결혼한 나이를 생각한다면 이제 갓 서른을 넘긴 젊은 나이였을 텐데. 시호는 문의왕후(文懿王后)라고 했다. 그리고 그로부터 5년 뒤, 경문왕도 많다고는 할 수 없는 30대의 나이로 세상을 등지게 된다.

하나의 짝이 있는데 한 사람이 먼저 죽고 한 사람이 뒤에 남는다면, 어느 쪽이나 괴롭고 힘든 일일 것이다. 그래서 한날 한시에 죽는 것이 부부에게 있어 가장 큰 복이라고는 하지만, 그것은 어디까지나 희망일 뿐, 정말 그렇게 되는 건 어렵다. 그래서 부부 중 어느 한 사람이 죽으면 다른 사람을 순장을 하기도 했고 합장을 하기도 하는데, 부부의 인연을 죽어서까지 이어나가도록 염원한 것이리라. 산 사람을 죽은 사람과 함께 묻는 순장은 인간의 문화와 문명이 발달하면서 야만적이라고 해서 점차 없어지고, 합장이 정착되었다. 백제의 무령왕릉만 해도 왕이 먼저 묻힌 뒤 3년 뒤에 죽은 왕비를 함께 묻었고, 역사에 기록될 만큼 굉장한 애처가였던 42대 흥덕왕은 자신과 왕비였던 장화부인을 함께 합장하라는 유언을 특별히 남겼다. 그래서 지금도 여기에 치성을 드리면 나빴던 부부 사이가 좋아진다는 속설까지 전해진다고 한다. 과연 경문왕은 어떠했을까. 그리고 그의 왕비는? 하지만 지금 경문왕의 능은 실전(失傳)되어, 아무것도 알 수가 없다.

5. 당나귀 되로 남은 임금님

어느 꽃도 열흘을 못 넘기고 시든다고
'화무십일홍(花無十日紅)'이라고 했다.
개혁의 이상을 품고 왕위에 올랐던 늠름한 청년 화랑 경문왕도
차츰 시들더니 유명을 달리 하고 말았다.
왕은 비운의 명군이었을까, 폭군이었을까.
그에 대한 평가는 엇갈리지만 왕은 아직도
우리의 기억 속에 남아 있다. 임금님 귀는 당나귀 귀!

十五年 春二月 京都及國東 地震 星于東 二十日乃滅 夏五月 龍見王宮井

須臾雲霧四合飛去 秋七月八日 王薨 諡曰景文

—《삼국사기》 권11,〈신라본기〉11, 경문왕 15년

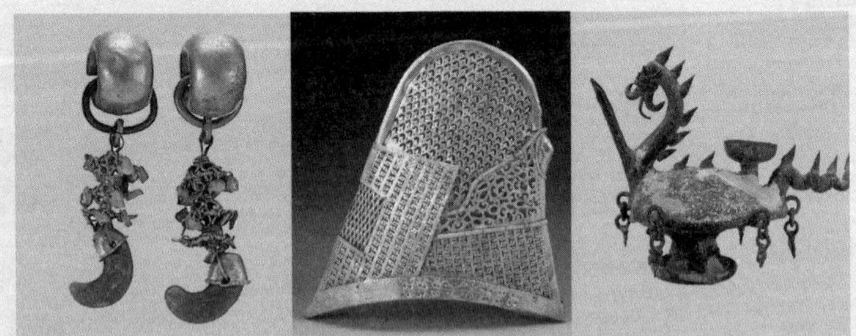

경문왕 15년(875) 봄 2월에 서울과 나라의 동쪽 지방에 지진이 일어났다. 살별[星孛]이 동쪽에 나타나 20일만에 없어졌다. 여름 5월에 용이 왕궁의 우물에서 나타났는데, 잠시 후에 구름과 안개가 사방에서 모여들었다가 날아가버렸다. 가을 7월 8일에 왕이 죽어 시호를 경문(景文)이라 하였다.

산수유를 심은 까닭

이것은 옛 중국의 경전인 《예기》에 나와 있는 말이다. 마찬가지로 시작된 것은 어떻게든, 반드시 끝나게 된다. 무엇이든 영원할 수는 없다.

이제까지 그저 '당나귀 귀'를 가졌던 임금님으로만 알려져 왔던 경문왕의 숨겨진 면모를 하나하나 살펴왔다. 경문왕은 젊은 나이에 즉위한 뒤로, 역동적이라는 말 외엔 표현할 방도가 없을 만큼 적극적으로 나라의 일을 처리했다. 왕권을 강화하고, 선종 세력을 끌어들이고, 사찰을 재건하는 한편 외국과 통로를 텄다. 이처럼 그는 많은 노력을 기울였고, 일부는 상당한 성과를 거두기도 했지만, 아무리 노력해도 인간의 힘으로는 막을 수 없는 것이 있다. 바로 자연이었다. 지금도 그렇지만 예전에는 막대한 자연재해 앞에서 속수무책으로 당할 수밖에 없었다. 홍수가 나는 것을 막기 위해 콘크리트 댐을 쌓지도 못했고, 병충해가 발생하지 않도록 농약을 쓸 수도 없었다. 설령 기근이 들어 백성들이 굶주리고 있어도 해외에서 수입쌀이고 밀가루고 들여올 수 없었다. 특히 신라시대 같이 대부분의 물자가 다른 곳으로 이동되거나 교환되는 일 없이 생겨난 곳에서 바로 소비되는 자급자족 사회에서 갑작스러운 기근과 질병이 발생한다면 그 폐해는 치명적이고, 최악의 경우 그 사회의 존폐 여부도 알 수 없게 된다.

제 아무리 왕이 되었다고 해도 어쩔 수 없는 일이 생기기 시작했다. 처음에는 문제없이 탄탄대로로 보이던 경문왕의 치세에도 차츰 안 좋은 일이 생겨나고 결점도 드러났다.

경문왕의 치세 초반에는 자연이나 사람이나 평화로웠다. 《삼국사기》에서 경문왕이 다스린 15년 동안(861~875)의 기록을 차례차례 차근히 읽어보면 전반부는 별 큰 문제가 없다. 비록 2년에 견당사가 물에 빠져죽는 일이 있었지만, 이것은 불운한 사고였을 뿐으로 그 외에 나라 안에 큰 사건사고에 대한 기록은 없다. 물론 좋은 일만 있었던 것은 아닐 테지만, 굳이 사서에 기록할 만큼 크게 나쁜 일도 없었다. 그러던 것이, 재위 6년째 되는 866년에 앞에서 언급했던 윤흥 형제의 난이 일어났다. 결코 작은 사건은 아니었지만, 그래도 이런 일은 이른바 왕과 귀족들의, 요컨대 윗사람들만의 일이니 백성들이나 나라 안팎에 커다란 타격을 줄 정도는 아니었다. 정말로 큰일은 그 다음 해에 벌어졌다.

경문왕 7년(867) 정월부터 다른 데도 아닌 수도 경주에 전염병이 돌았다. 만약 병이 돌았던 곳이 지방의 작은 촌구석이었고 피해도 적었다면 굳이 사서에 기록하지 않았을 수도 있지만, 장소도 장소거니와 그 정도도 상당히 심했다. 《삼국사기》에는 그저 역(疫)이라는 글자 하나로만 기록되어 있다. 보통 역병하면 장티푸스를 말하는데, 여기에 기록된 역이 정말 장티푸스인지는 분명하지 않다. 병명이야 어떻든, 그리고 피해 규모가 어느 정도이건 그 지역이 나라 안에서 가장 사람이 많이 모여 살고 왕이 사는 수도 금성이었으니 문제가 심각했다. 많은 사람이 병으로 앓아 누웠고, 혹은 죽어갔을지도 모른다. 사람들은 겁에 질려 바깥 출입을 삼가고 집안에 틀어박혔을 테고, 도성 안은 공포에 휩싸여 인심이 각박해졌을 것이다. 게다가 수도인 금성에 한번 돌기 시작하자 다른 지방으로까지 퍼졌을 가능성이 높다.

여기에 엎친 데 덮친 격이랄까, 그해 가을 8월에는 홍수가 났으며 수해를 입은 곡식은 익지 않아 수확량이 급감했다. 이 홍수는 특별히 그해의 강수량이 많았던 탓이라기보다는, 병 때문에 약해진 사람들이 여름철 장마를 제대로 준비 못했기 때문일지도 모른다. 어쨌든 같은 해 10월에는 경문왕이 사자를 여러 도(道)로 나누어 보내 사람들을 위문했다고 한다. 신라시대의 지방제도는 9주 5소경이라고 해서, 전국을 아홉 개의 주로 나누고 다섯 개의 중심 도시를 만들어둔 것이었다. 물론 지금의 행정제도와 나눠진 구역이 상당히 틀리다. 그러므로 여기서 말하는 도는 우리가 아는 경기도 충청도 그런 게 아니라, 말 그대로의 '길'을 뜻한 것이리라. 그렇다면 이 전염병은 금성뿐만 아니라 상당히 많은 지역에서 유행했던 것으로 보인다.

경문왕 7년에 돌았던 전염병이 언제쯤 진정되었는지는 기록에 없다. 더구나 경문왕 8년에는 정초부터 김예의 반란이 일어나려다 진압되어서, 설령 그때까지 전염병이 극성을 부렸다고 해도 기록할 여유가 없었을 것이다. 이후 경문왕 10년에 다시금 전염병이 크게 돌았다. 당시《삼국사기》의 기록을 보면, 이렇게 적혀 있다.

겨울에 눈이 오지 않은 뒤, 다시금 병(疫)이 돌아 나라 사람들이 많이 앓았다.

아무래도 이해 겨울에 또다시 전염병이 유행하였다. 지금은 지구온난화니 뭐니 해서 겨울이 예전보다 많이 따뜻해졌지만, 옛날의 겨울은 많이 추웠고 그만큼 눈도 많이 왔다. 겨울에 눈이 많이 내려야 밭의 해충들이 많이 얼어 죽어서 다음 해에 농사가 잘 된다는 속설도 있지 않은가. 그런데 눈이 오지 않은 것이나. 이렇게 겨울이 춥지 않았던 것과 사람의 전염병이 어떤 관계가 있는지 이 자리에서 서술할 수 있는 사항은 아니지만, 보통 감기는 추운 겨울보다 따뜻한 환절기에 걸린다고 하지 않았나. 유난히 춥지 않은 겨울을 만만히 보았던 사람들이 된통 병에 걸린 것인지도 모르겠다.

조금 더 생각해본다면, 경문왕 7년 때도 그렇지만 이때 돌았던 병은 독감의 일종이었을지도 모르겠다. 이질이나 콜레라 같은 것은 수인성 전염병인데, 이것은 여름에 도는 병이지 아무리 날씨가 예년보다 따뜻하다고 해도 겨울에 유행할 만한 병은 아니기 때문이다. 어쨌거나 이 기록으로는 더 이상의 자세한 내용이나 피해 정도는 알 수 없다. 이해에 경문왕의 왕비인 문의왕후가 세상을 떠났지만 이것은 5월의 일이었으니, 그 전염병 탓은 아닌 듯하다.

경문왕 대의 자연재해가 이것으로 끝난 건 아니었다. 그로부터 3년 뒤인 경문왕 13년에는 봄부터 백성이 심하게 굶주리고, 또 전염병이 겹쳤다. 마침내 왕은 각지로 사자를 보내어 병들고 굶주린 백성들을 달래고 돌봐야 했다. 같은 해 가을에는 오래도록 공사를 하던 황룡사탑이 마침내 완공되었다는 기록이 있어 묘한 대조를 보인다. 그런데 이렇게 흉년이 든 것은 단순히 그해의 보릿고개가 유난히 심했기 때문만은 아니다. 바로 전년도에 있은 누리의 피해 때문에 수확이 시원치 않았던 까닭이라고 보인다.

누리는 비황(飛蝗), 혹은 황충(蝗蟲)이라고 한다. 메뚜기과에 속하는 곤충으로 생김새는 풀무치와 비슷한 데, 몸길이는 4~6센티미터이다. 그리 크지도 않고 겨우 주먹 안에 들어갈 만큼 작은 이 벌레는, 혼자가 아니라 무리를 지을 때 진정으로 재앙이 된다. 말 그대로 수백 만 마리가 한데 모이는 것이다. 농사짓는 데 있어서도 어쩔 수 없는 병이 생긴다. 게다가 경문왕 13년 8월의 기록을 보면 주(州)와 군(郡)에 누리가 곡식을 해쳤다는 기사가 있다. 이는 누리의 피해가 전국을 휩쓸었다는 것을 뜻한다. 이렇게 무리지은 곤충들이 식량작물을 먹어치우는 피해는 세계 각지와 시대를 막론하고 심각했기 때문에 사서에도 기록으로 많이 남아 있다. 지금도 곤충의 재해는 두려움의 대상이다. 언제 어느 때 생겨난다는 예측도 할 수 없고, 어디에서 생겨날지도 모른다. 게다가 물이나 바람 같은 물질이 아니라 살아 있는 생물들이기에 어디로 어떻게 움직일지 아무도 모른다. 메뚜기 떼들이 한창 기승을 부릴 때에는 세상에 모든 풀과 푸른 것들을 죄다 뜯어먹고, 심지어 살아 있는 양의 몸에 난 털이나 플라스틱 방충망까지 먹어댔다는 이야기가 있을 정도니 풀 한 포기 제대로 남아날 리 없었다. 이처럼 메뚜기 떼가 지나가면 사람들에게 남은 것은 정말 흙밖에 없었다. 흉년은 고사하고 당장 먹고 살 문제가 난감한 상황이었다. 경문왕이 사신을 각지에 파견한 것은 이런 피해를 입은 백성들을 위로하고 미리 비축한 먹을 것을 나누어주거나, 아니면 백성들을 누리의 피해를 입지 않은 다른 곳으로 옮기기 위해서였을 것이다.

이러한 전염병과 병충해에 관한 기록들을 살펴보면서 한 가지 짚고 넘어갈 이야기가 생각났다. 경문왕은 자신의 당나귀 귀에 대해 떠들어대는 대나무를 베고 대신 산수유를 심었다. 그리고 지금까지 이것을 경문왕이 시행한 언론탄압을 빗댄 것으로 본다는 것 역시 설명했다. 대나무를 베어버리는 것은 확실히 탄압의 이미지를 여실하게 떠올릴 수 있다. 하지만 복두장이가 임금님의 비밀을 떠벌렸다는 도림사는 지금 전라남도 곡성군 곡성읍 월봉리에 있어 당시의 도성인 경주와는 멀리 떨어져 있다. 경문왕이 그렇게 먼 지방까지 언론탄압을 해야만 했을까? 무언가 아귀가 맞지 않는 느낌이다.

게다가 경문왕은 하필이면 왜 산수유를 심었을까. 산수유는 대나무의 절개나 고고함처럼 분명한 상징성을 띤 식물이 아니다. 베어낸 대나무에 어떤 뜻이 있다면 새로 심은 산수유에도 그런 뜻이 있다는 게 자연스럽지 않을까?

어두운 방 안엔
바알간 숯불이 피고,

외로이 늙으신 할머니가
애처로이 잦아드는 어린 목숨을 지키고 계시었다.

이윽고 눈 속을
아버지가 약(藥)을 가지고 돌아오시었다.

아, 아버지가 눈을 헤치고 따 오신
그 붉은 산수유 열매—

—김종길, 〈성탄제〉 중에서

학창 시절 배운 이 시를 기억하는지. 지금 도시에서 나고 자란 사람들은 산수유를 한번도 보지 못했을지도 모르지만, 산수유는 이 시에서처럼 가을에 빨간 열매가 열리는 나무로, 열매는 한약재로도 쓰이는 귀한 나무다. 그리고 《동의보감》에 따르면 산수유 열매는 음기를 강하게 하고, 콩팥을 깨끗하게 하여 기를 보해주고, 두통이나 귀울림, 열을 내리거나 월경이 과다해지는 것을 막고, 식은땀을 멈추게 하며 야뇨증을 치료하는 효능도 있다고 한다. 또 산수유를 장기간 먹을 경우 몸이 가벼워질 뿐만 아니라 과다한 정력 소모로 인한 무기력증에 효과가 있다고 한다. 특히 두창에는 잘 듣는 약재였다고 하니, 이 정도면 거의 만병통치약이 아닌가. 실제로도 산수유는 민간요법의 중요한 재료로 쓰였다.

경문왕이 심게 한 산수유는 어쩌면 질병에 신음하는 백성들을 위한 것이 아니었을까. 백성들에게 전염병이 돌 때마다 약이나 음식을 돌려 구휼한다면 그 한번으로 끝나버린다. 유대인의 격언에서도 현명한 부모는 아이에게 고기를 주느니 고기 잡는 법을 가르친다고 하던가. 다음에 또 이런 일이 생길지도 모르는 일이니 예방을 해두는 게 더 낫다고 판단한 경문왕이 대대적인 산수유 숲을 조림했던 게 아닐까 하고 조심스럽게 추측해본다. 물론 산수유는 심은 지 7~8년이 지나야 열매가 열린다니, 경문왕이 살아 있던 시대에 나무가 약재로 쓸 만큼 충분히 자랐는지는 모르겠지만 말이다.

실제로 지금 경주에는 산수유가 많이 자생하고 있는데 특히 서쪽 근방의 화천(花川), 방내(芳內)에서는 봄철이 되면 노란 산수유 꽃이 장관을 이룬다. 또한 복두장이가 당나귀 귀를 외쳤다던 도림사에서 조금 떨어진 구례군은 지금도 유명한 산수유의 산지로 매년 산수유 축제가 벌어지고 있다. 그 나무들은 경문왕이 심게 했던 나무들의 후손일까? 그냥 지어낸 이야기 같았던 '당나귀 귀' 이야기는 이처럼 현실에 짙은 그림자를 드리우고 있다.

또 하나, 경문왕 설화의 끝 부분에서 대나무 숲은 '임금님 귀는 당나귀 귀'라고 했던 데 반해, 새로 조성된 산수유 숲은 '임금님 귀는 길기도 하다'라고 했다는 점에 대한 의문도 제기할 수 있다. 즉 산수유가 의미하는 것이 단지 구휼 차원이었을까 하는 의문이 들기도 한다는 말이다. 설화 액면 그대로라면, 산수유 숲은 대나무 숲 같이 '진실'을 바로 말하는 절개가 부족하게 느껴지니, 이는 여론과 탄압, 그리고 저항의 함수관계로 해석할 수 있는 부분이다. 또는 경문왕이 '귀가 길다' 정도로 비꼬기는 하되 적극적으로 반란을 일으키지는 않은 자신의 적대 세력에 대해 어느 정도 관용을 베풀었음을 보여주는 것일지도 모른다. 이 부분에 대해서는 앞으로 좀 더 논의가 필요하다고 본다.

짧은 성공, 긴 실패

전염병이나 누리 외에, 경문왕 시대에 발생한 재해를 또 하나 든다면
지진이 있다. 그가 다스리던 동안의 신라에는 무던히도 지진이 많이 발
생했다. 지금 우리에겐 지진 피해가 거의 없지만, 옛날의 한반도는 결코
안정적이고 평안한 곳은 아니었다. 바로 그 좋은 예가 백두산과 제주도
가 아닌가. 높이 2,744미터로 우리나라에서 제일 높은 백두산은 화산폭
발로 만들어진 산이었고, 조선시대까지만 하더라도 연기를 뿜었다고 한
다. 또한 우리나라에서 제일 큰 섬인 제주도는 한라산까지 포함한 전체
가 화산활동의 결과물이다. 화구에서 뿜어져 나온 용암이 이만큼 커다란
섬과 산을 만들어낸 것이다. 한반도의 과거로 가면 갈수록 지진이고 화
산의 기록이 많이 발견되는 점으로 보아, 한반도도 지층이 꽤 불안한 땅
이었다.《조선왕조실록》에도 지진의 이야기가 많이 나오는 것으로 볼 때
한국이 지금처럼 지진의 안전지대가 된 것은 극히 최근의 일인 것 같다.

경문왕 때 벌어진 첫 번째 지진은 경문왕 10년(870), 여름 4월에 발생했다. 지진이 일어난 장소는 당시 신라의 서울인 금성이었다. 사실 그해는 경문왕의 치세 중 가장 운이 나쁜 해였다. 이해 4월에는 지진이 있었고, 5월에는 왕비가 세상을 떠났다. 여기에 또 7월에는 홍수가 일었고, 겨울에는 앞에서 기술한 대로 눈이 오지 않았으며, 백성들에게 전염병이 유행했다. 설상가상이란 바로 이럴 때 쓰는 말일 것이다. 게다가 경문왕 8년 6월에는 황룡사탑에 벼락이 떨어지기도 했다. 황룡사는 신라시대 왕의 권위와 상당히 밀접한 관련을 가지고 있었으니 이런 사건은 탑의 손상도 손상이었지만, 왕의 체면과 위엄에 입은 손상이 더 크다 하겠다. 게다가 황룡사탑은 경문왕이 다시 수리했던 탑이 아닌가. 묘하게도, 이 같은 난리가 벌어진 후인 경문왕 11년에는 별다른 기록이 없다. 다만 8년에 손상을 입었던 황룡사탑을 고치게 하고, 월상루를 고치게 했을 뿐이다.

그래도 거듭된 재앙에 마음이 걸렸던 것일까? 경문왕은 12년 봄 2월에 몸소 신라의 첫 번째 왕거서갠이었던 박혁거세를 모신 신궁에 제사를 지냈다. 그러나 이러한 치성을 드렸는데도 같은 해 4월에는 경주에 또다시 지진이 일어났다. 지진의 강도가 얼마나 셌는지 도성에 살던 사람들이 몸으로 지축이 흔들리는 것을 느낄 정도였다고 한다. 그렇다면 적어도 강도 3 이상의 지진이었을 것이다. 경문왕 치세 중의 마지막 지진은 15년 봄에 있었는데, 이 이야기는 뒤에서 좀 더 자세히 하겠다. 아무튼 이렇게 재앙이 꼬리에 꼬리를 물고 벌어진다면, 나라 다스리는 데 도움이 될 리 만무했다. 그런 점에서 경문왕은 대단히 운이 나쁜 왕이었다. 이후 그의 자식들인 헌강왕·정강왕·진성여왕이 다스릴 때는 진성여왕 때 가뭄이 한 번 들었을 뿐 이렇게 2, 3년마다 큼직한 재해가 닥치지는 않았다.

자연재해 중 지진에 관한 언급은 《삼국사기》에 여러 번 나온다. 늘 그대로 멈춰서 아무 변함없을 것 같은 땅이 뒤흔들린다는 것은 재산이나 인명의 피해는 차치하고서라도 사람들의 마음을 무척 불안하게 하는 법이다. 《삼국사기》에 기록된 신라시대의 지진 가운데 가장 규모가 컸던 지진이라면, 혜공왕 15년인 779년 봄 3월에 경주에서 일어난 지진을 꼽을 수 있을 것 같다. 당시 지진으로 많은 집이 무너지고 죽은 사람만도 100여 명이나 되었다고 한다. 다른 지진 기록에는 피해 정도가 구체적으로 기록되진 않았지만, 혜공왕 때의 것이 유난히 심했기에 자세히 기록한 게 아닐까 한다.

언제 어느 시대이건, 거듭되는 자연재해는 사람들을 불안에 떨게 하고, 마침내 미쳐버리게 할 수 있었다. 그렇게 된다면 왕은 백성들을 통제할 수 없게 된다. 옛날부터 이런 극심한 자연재해는 그 나라를 나스리고 있는 최고 통치자인 왕의 부덕함을 뜻한다고 믿어졌다. 통치자가 부덕하면 하늘이 노하고, 그래서 날씨가 가물거나 홍수가 나고, 땅이 갈라지거나 강둑이 터져 나라 안의 모든 사람들을 고통스럽게 했다고 생각한 것이다. 그래서 부여에서는 흉년이 들거나 큰 자연재해가 발생하면, 그것이 곧 왕의 잘못이라 여기고 왕의 목을 베었다고 한다. 결국 왕은 통치자이기에 앞서, 어디까지나 나라와 백성을 위해 존재하는 것이다. 그렇게 본다면 온갖 자연재해가 속출했기 때문에 경문왕더러 못난 왕이라고 해도 변명의 여지가 없다. 경문왕 이전의 왕들은 백성들이 굶주리거나 전염병이 돌면 구제하고 구휼했는데, 경문왕에게는 그런 일을 했다는 기록이 드물다. 문성왕이나, 헌강왕은 여러 번 바쁘게 백성들을 달래고 위로하는 사자를 보냈는데, 경문왕은 고작 한 번이었다. 이는 경문왕 11년의 기록을 보면 확실해진다. 바로 전해인 10년에도 반란이 벌어지는 등 나라에 그만큼 난리가 있었건만, 다음 해에 탑을 고치고 누각을 수리하는 일만 기록되어 있다. 이런 일은 왕의 필요와 권위를 세우기 위해 필요할지도 모르지만, 아직까지 지진과 홍수가 남긴 상처에 신음하고 있을 백성들에게는 절대로 환영받지 못할 일이었다.

……천재지변이 자주 일어나고 민심이 등을 돌려 나라가 불안하였다.

이 기록은 경문왕 시대의 것은 아니다. 하지만 그만큼 재해가 많이 일어났고, 반란도 많이 일어났으며, 마침내 반란통에 살해당했던 혜공왕 재위 마지막 해의 것이다. 이때는 780년이니 경문왕 시대를 기준으로 약 90여 년 전 일. 시간 차이는 있지만 혜공왕과 경문왕, 이 두 왕은 서로 닮은 구석이 많다. 다만 경문왕은 14년(874)에 일어났던 가장 큰 반란을 물리치는 데 성공함으로써, 혜공왕과 달리 제 명에 죽을 수 있었지만, 모르긴 몰라도 경문왕 말년은 민심이나 나라 안 상황 모두 상당히 흉흉했을 것이다.

만약 진심으로 백성을 사랑하고 아끼는 왕이었다면, 백성들이 괴롭고 힘들어할 때 그들을 위로해야지 왕의 체면을 위해 토목공사를 일으키지는 않았을 것이다. 사실 토목공사만큼 백성들을 괴롭히는 일도 없었다. 1년 내내 힘들여 농사를 지어도 살기 힘든 판에, 이리저리 끌려 다니며 타향에서 나라님이 사는 건물과 누각 같은 것을 만들어야 했으니 말이다. 오래 전 백제의 개로왕도 고구려 승려 도림의 말에 속아 토목공사를 크게 일으켰다가 결국 나라가 피폐해지고 민심도 이반되어 고구려의 침입을 이기지 못한 채 왕성은 함락되고 왕 자신은 목숨마저 잃지 않았던가. 그런데 백성들이 극심한 자연재해로 고통받고 있을 때, 경문왕은 그들을 돕거나 구호하는 대신 궁성을 수리했다. 만약 지금도 큰 국가적인 사고와 재난이 벌어졌을 때, 대통령이 청와대를 대대적으로 수리하거나 외유를 벌인다면 이 나라 국민 중에 욕하지 않을 사람이 어디 있겠는가.

이렇게 계속 일어나는 재앙이 경문왕의 치세에 나쁜 영향을 주었을 것은 당연하다. 신라의 국력이 급격히 저하되고 있던 혜공왕 시기에 거듭된 재해는 왕이 부덕했다는 사실과 맞물리고, 이래저래 세상이 어지러워신 끝에 결국 반란이 일어나 왕이 피살당하는 일이 벌어졌다. 경문왕 시대는 물론 그 정도까지는 아니었지만, 그렇다고 그리 평안한 편도 아니었다. 경문왕은 왕권 강화에 주력하면서 그동안 키워온 친위 세력 덕분에 반란을 막을 힘은 있었지만, 반면에 나라 안의 민심은 크게 잃었을 것이다. 이렇게 어지러웠던 당시의 사회 분위기를 틈타, 경문왕 치세 중 최대 규모의 반란이었던 근종의 난이 일어난 것인지도 모른다. 즉위

한 이후로 경문왕이 실시했던 정책은 결국 왕의 권력을 강화하고 전제
주의를 확립하며 귀족 세력을 억제하려던 것으로, 상대적으로 백성들의
살림과 어려움을 해결하는 데는 소홀할 수밖에 없었다. 이런 점에서 경
문왕의 개혁 정치는 미진한 점이 많았다. 그리고 이것이 경문왕 치국(治
國)의 한계였다고 할 수 있다.

마침내, 왕의 별이 잠들다

《삼국사기》〈경문왕 편〉을 차례대로 훑어보면, 861년에서 866년까지, 그러니까 즉위 후 5년까지가 경문왕의 황금기라고 할 수 있겠지만, 이후로 자연재해와 반란이 거의 매년 벌어지면서 차츰 쇠퇴해가는 과정이 한눈에 들어온다. 가장 문제가 극심했던 때는 재해와 질병, 그리고 왕비의 죽음이 겹친 재위 10년 때였는데, 13년에도 황룡사탑을 재건한 것 외에 경문왕의 특별한 업적은 없는 듯하다. 이처럼 경문왕의 치세가 차츰 퇴색해가는 동시에, 바로 경문욍 자신의 죽음은 점점 더 분명해져갔다.

중국의 진시황도 그렇게 불로초를 구해주겠다는 방사(方士) 사기꾼들에게 속다가, 마침내 궁전도 아닌 객지 사구 땅에서 죽었고 시체가 썩어 냄새가 나도록 땅에 묻히지도 못했다고 한다. 주변을 지키던 내시들은 일부러 썩은 생선을 수레에 가득 실어 냄새를 피움으로써 시황제의 죽음을 숨겼다고 한다. 그래서 지금 1만이 넘는 병마용갱들에게 둘러싸여 산 같이 거대한 봉분 아래 잠들어 있다고는 해도, 반쯤 썩어버린 시황제의 육신이 본래대로 돌아갈 리 없다.

경문왕 역시 다가오는 죽음에서 벗어날 수 없었다. 하지만 30대 초반의 한창 나이에 죽은 이유가 무엇일까. 《삼국사기》에는 특별히 경문왕의 신체 상태에 대해 자세한 기록이 없지만, 《삼국유사》에 전해지는 경문왕의 설화를 보면, 그의 건강상태는 그리 좋지 않았던 것 같다. 밤마다 뱀들이 왕의 침전에 몰려와서 혀를 내밀어 왕의 가슴을 덮어주었고, 뱀들을 무서워한 궁인들이 내쫓으려하자 경문왕은 그들을 말리면서 "뱀이 없으면 내가 편히 잠을 자지 못한다"라고 말했다는데 뱀이 진짜 파충류였든 화랑의 상징이었든 또는 그 무엇이었든 간에 그 당시의 왕이 편하게 잠을 자지 못한 것은 사실인 것 같다.

혹시 어떤 병을 앓고 있었던 게 아닐까? 불면증, 아니면 만성피로인지는 모르겠지만 확실히 젊은 시절에는 화랑으로서 산과 들을 마음대로 돌아 다녔을 경문왕이었지만, 왕이 된 뒤에는 언제나 궁인들이 수발을 들었을 테고, 여행은커녕 궁전 바깥에도 마음대로 나가지 못했을 테니 갑갑했을 것이다. 그런 상황은 경문왕뿐 아니라 옛 왕들 대부분이 겪은 운동부족과 스트레스였으므로, 경문왕이 단순히 이런 이유 때문에 잠을 제대로 못 잤는지는 알 수 없다.

앞서 신라시대의 왕들이 죽기 바로 전해나 직전에 기묘한 천체현상이 기록되어 있다는 말을 하였다. 이런 기록들은 하늘과 땅이 곧 하나이고 하늘이 땅의 전조를 나타낸다는 천지상관설에서 기인한 것으로, 갑작스럽게 생겨난 이변은 단순한 현상이 아니라 정치 상황에 대한 하늘의 경고로 인식되었다. 실제로 《삼국사기》에는 이 같은 천재지변이나 흉조를 기록한 것이 대단히 많은데, 전부 770여 건이나 된다. 그 대부분은 왕위교체, 혹은 사망과 관련이 있다고 분석되는데, 이런 기록은 특히 신라에 가장 많이 집중되어 있다. 적어도 당시 사람들은, 누군가의 죽음에 반드시 징조가 있었다고 보았고, 여기에 경문왕도 예외는 아니었다.

경문왕 치세 가장 마지막 해인 15년(875), 봄 2월에 경주와 나라의 동쪽 지방에서 지진이 일어났다. 여기에 그치지 않고, 같은 달에는 살별이 동쪽에서 나타나 20일 만에 없어졌다. 긴 꼬리를 가진 이상한 모습과 예측하기 어려운 궤도 탓인지 옛날에는 혜성의 등장을 전란 · 역병(疫病) · 천재지변 등을 예견하는 흉조로 여겼다. 그래서 중세 유럽에는 혜성이 나타나면 곧 세상이 멸망한다는 믿음이 팽배하곤 했다. 그러다 보니까 일찌감치 모든 것을 포기하고, 어차피 죽을 텐데 그 전에 있는 대로 놀아보자는 풍조가 크게 유행하는 극단적인 일도 벌어졌다고 한다.

동양에서도 살별은 매우 불길한 징조로 여겨졌다. 한국과 중국에서는 이런 살별을 혜성(彗星), 패(孛), 치우기(蚩尤旗) 등으로 구별해서 기록했고, 또 장성(長星)이라 표기한 곳도 있다. 《삼국사기》〈경문왕 편〉은 15년의 혜성을 성패(星孛)라 기록하였다. 나당연합군이 고구려와 한창 전쟁을 벌이던 668년, 혜성이 필성(畢星)과 묘성(卯星) 사이에 나타났다고 한다. 당나라 허경종(許敬宗)은 이것이 고구려가 망할 징조라고 말했고, 실제로 역사는 그렇게 되었다. 경문왕 15년의 살별은 20일 동안 하늘에서 빛났다. 3주 가까이 나타난 징조였으니, 임금이건 백성이건 누구라도 볼 수 있었으리라.

하지만 불길한 징조는 여기에서 그치지 않았다. 여름 5월에는 용이 왕궁의 우물에서 나타났다고 한다. 어떻게 그런 일이 과학적으로 일어날 수 있는지 여부는 일단 접어두자. 전설의 동물인 용은 동양에서 임금을 상징했다. 용이 나타나기만 한 것이라면 틀림없이 길조였을 터이다. 공자도 그러지 않았던가, 훌륭한 왕이 등극하면 용이 나타나고, 성인이 나타나면 기린이 이 세상에 모습을 드러낸다고. 그런데 조금 뒤에 구름과 안개가 사방에서 자욱하게 모여들었고, 용은 어디론가 홀연히 날아가버렸다고 한다. 갑자기 나타났다가 사라져버린 용. 이 소식을 들은 당시 신라인들은 모두 기이하고, 또 불길하게 여겼을 것이다.

아무리 국정에 바쁜 경문왕이라고 해도, 한번쯤 밤하늘을 올려다볼 여유는 있었을 것이다. 그리고 오랫동안 긴 꼬리를 드리운 살별을 보았을지도 모른다. 또한 용이 사라졌다는 말은 당연히 경문왕에게까지 보고가 올라갔을 것이다. 이런 불길한 조짐들을 접하면서, 경문왕은 자신의 시대가 끝나간다는 것을 느꼈을지도 모른다. 이미 건강도 그리 좋지 않았다. 그해 6월, 왕이 쓰러졌다.

낭혜화상비에 따르면, 신하들은 상주 심묘사에 있는 낭혜를 불러다 왕을 치료하게 했다고 한다. 경문왕이 의식을 조금 되찾기는 하였지만, 상태가 완전히 호전되지는 않았다. 그로부터 한 달이 지난 7월 8일, 왕은 마침내 승하했다. 시호를 올리되 경치 경(景)자에 글월 문(文)자를 써서 경문이라고 했다. 요즘처럼 권력자의 임기가 정해져 있지 않던 이 시기에 왕의 죽음은 곧 정권교체를 의미했다. 이제 경문왕과 헌안왕의 첫째 공주인 문의왕후(영화부인) 사이에서 태어났던 세자 정이 헌강왕으로 즉위해 아버지의 뒤를 이었다.

이로써, 한 시대가 온전히 끝났다. 경문왕의 시대를 정리해보면, 확실히 그는 오늘날의 관점에서 볼 때 독재자였다. 그가 시행했던 온갖 개혁 정책들은 기존의 진골귀족 세력들을 억누르고 왕의 권한과 힘을 키우려 했던 것이 대다수였다. 그래서 경문왕 시대에 일어난 반란들은 이전처럼 왕위를 노린다기보다는, 경문왕의 성책에 반빌하는 움직임으로 이해될 수도 있겠다.

앞에서 경문왕이 화랑 시절 거느렸던 낭도들을 비롯해 많은 화랑들이 그가 즉위한 이후에도 정치적 관계를 맺었을 것이라는 이야기를 했는데, 이것을 특히 군사력 측면의 강화로 해석하고 싶다. 경문왕 이전까지 신라 왕들이 반란에 속수무책이었던 까닭은, 강력하고 충성스런 친위 세력을 거느리지 못했기 때문이다.

경문왕의 할아버지였던 희강왕은 정치적 파트너가 배신하자 이렇다할 반격도 하지 못한 채 자살을 강요당했고, 신무왕만 하더라도 청해진의 병력을 빌어 겨우 정권 탈취에 성공했다. 그런데 경문왕은 세 번의 반란을 격퇴했다. 더군다나 사전에 반란 기미를 알아차렸다는 것은 나름의 국왕 직속의 감찰·감시체제가 있었다는 뜻이 아닌가. 그러니 경문왕의 시대는 귀족들 입장에서볼 때 꽤 공포 분위기였을 것이다. 그렇다면 진골귀족들이 세 번에 걸쳐 난을 일으켰던 데는 경문왕에 대한 불만과 더불어 자신들의 입지가 좁아진다는 것에 대한 두려움도 컸을 것이다. 분명, 경문왕은 진골귀족들에게는 좋은 왕이 아니었다. 사실 이제까지 진골귀족들의 발언은 대단히 막강해서 온갖 정책에 관여함은 물론, 때로는 왕마저 갈아치울 수 있었다.

즉위 초 경문왕은 이들 귀족들의 지지로 왕위에 올랐을 텐데, 언제부터 이렇게 반발을 샀을까. 처음에는 원성왕과 민애왕을 위해 절과 탑을 수리하는 등 진골귀족들에 대한 유화책으로 시작했던 경문왕이었지만, 당나라로부터 온전히 신라 왕으로 인정받은 5년(865) 이후 강경책으로 돌아섰다. 아마도 경문왕은 처음부터 왕권을 강화하려는 계획을 두고 있었을 것이다. 그러나 즉위 초기에는 그럴 만한 세력이 되지 못하니 유연하게 모든 원성왕계의 귀족들을 포섭하는 형식으로 귀족들을 무마한

뒤, 자신의 힘이 되어줄 화랑 세력들과 육두품들을 정계에 진출시키는
한편, 어느 정도 세력이 안정되자 귀족들에 대한 공세로 나서는 과정을
갖춰나가는 치밀한 준비를 한 게 아닐까. 때문에 진골귀족들의 강력하
게 반발을 받았고, 이것이 거듭되는 반란으로 이어졌다.

그런 점에서 경문왕의 치세는 그 전의 혜공왕 시대와 사뭇 비교가 된
다. 두 왕의 치세는 천재지변에, 반란이 거듭되는 난세(亂世)였다는 점
에서 비슷했다. 그런데 한 사람은 왕으로 죽었고, 다른 한 사람은 왕이
지만 살해당했다. 특히 《삼국유사》에서는 몇몇 왕들이 대왕으로 표기
되어 있고 경문왕도 예외가 아니다. 이는 경문왕이 뭔가 존경받을 만하
기에 이처럼 대왕이라고 부른 게 아니었을까. 하지만 혜공왕의 경우, 그
가 살해당한 해인 780년의 기록에 그에 대한 온갖 나쁜 일들이 빼곡하
게 적혀 있다. 가만히 들여다보면, 다소 불공평하다는 느낌을 지울 수
없다. 본래 처지는 비슷했을 두 왕이 어째서 이렇게 역사 기록 속에서
차별받는 것일까.

혜공왕은 그나마 기틀이 잡혀 있던 신라의 전제왕권이 무너져 내리
는 시기의 왕이었고, 경문왕은 반대로 귀족들 틈바구니를 뚫고 개혁을
통해 왕권을 새로이 확립하고 강력하게 만든 왕이라는 차이가 후대에
이르기까지 이렇게 큰 차이가 날 줄 당사자들은 미처 몰랐을 것이다. 그
리고 경문왕이 혜공왕에 비해 욕을 덜 먹는 까닭은 통치의 결과가 좋아
서일지도 모른다. 반란이 세 번씩이나 일어나고, 홍수와 가뭄이 그렇게

자주 일어났건만, 정작 끝에는 왕궁의 침상에 누워 '왕으로서' 눈을 감을 수 있었다. 게다가 그의 자식들이 계속 왕 자리를 이어 아버지이자 할아버지인 그를 받들었으니 말이다.

여전히 풀리지 않는 수수께끼, 뱀

마지막으로 한 가지 문제를 좀 더 이야기해보자. 경문왕은 고작 30대 초반의 젊은 나이에 죽었다. 신라시대에 즉위했던 다른 왕들의 생몰년도가 전부 분명한 것은 아니지만, 그보다 더 오래 살았던 왕들도 많았다. 경문왕의 나이 정도면 아직까지 한창 나이라고 할 수 있다. 심지어 그의 자식들인 헌강왕이나 정강왕은 더 젊은 나이에 차례로 세상을 등졌다. 한 집안에서 한 사람도 아닌 세 사람이 이렇게 일찍 죽었다니 무언가 심상치 않다. 경문왕계의 왕들이 이처럼 젊은 나이에 죽어야 했던 특별한 까닭이 있었을까? 말 그대로, 그들 가계 나름의 특별한 유전자가 있어 더 이상 자식을 볼 수 없게 되었다거나, 병이 있었던 것일까?

인간의 수명에는 한계가 있으니 어쩔 수 없다지만, 만약 그가 20년 아니 10년만 더 신라를 통치했더라면 신라는 어떻게 됐을까. 역사에 만약은 없다고 해도, 지금까지 경문왕의 개혁 정책을 되새겨볼 때 아쉬움이 남는 것은 사실이다. 물론 그가 처음 가졌던 자신의 통치 철학을 일관되게 이어갈 수 있었는지는 알 수 없지만, 헌강왕 때처럼 긴장이 풀어진 채 후대의 더 큰 재난을 초래하지 않았을지도 모른다. 실제로 경문왕 이후 정강왕까지 세 명의 왕이 모두 짧은 통치기간을 거치고 죽음으로써 정치가 안정되기에는 큰 약점이 되었다. 어쨌든 경문왕이 자신의 왕업을 확고하게 완성시키기에는 재위기간 15년은 너무 짧았다.

이 부분에서 다시 한번 경문왕과 뱀에 관한 설화를 살펴보자. 설화에 따르면, 경문왕은 밤새 잠을 자지 못하거나 뱀을 데리고 잤으며, 그들의 혀로써 몸의 열을 식혔다. 과연 그는 무슨 이유로 열이 심해서 잠을 자지 못할 정도였던 것일까?

갈홍(葛洪)의 《포박자(抱朴子)》에 보면 불로불사하기 위해 단약을 먹는 것을 환단과 금액으로 분류했는데, 여기서 환단은 수은을 주재료로 써서 만든 단약이고, 금액은 금을 직접 먹는 것을 가리킨다. 금이야 우황청심환도 금으로 싸고, 초밥 위에 금가루가 뿌려지기도 하니 식용으로 쓰여도 문제가 없다. 하지만 수은은 먹는 것은 고사하고 손을 대거나, 가까이 하기만 해도 큰일나는 것으로 알려져 있다. 그런데 《신농본초》라는 옛 의료서를 보면 인간 몸에 좋은 약품을 상중하로 나누었는데, 수은은 이중 선약, 즉 좋은 약으로 당당히 자리매김하고 있다. 덧붙여, 불로불사약을 만드는 데 반드시 필요한 것으로 꼽혔던 것이 수은이니 실제로도 많은 사람들이 먹었을 것이다. 이 같이 '오래 살기 위한' 약이 도리어 왕이나 귀족들의 생명을 짧게 했으니 아이러니하다. 혹시 경문왕도 그런 약을 먹었던 게 아니었을까? 이미 진시황이 심취해 있던 이런 단약들은 거의 대부분의 중국 황제들이 일용하는 약이었다. 후한의 황제들이 대대로 20세도 못 된 젊은 나이에 죽은 이유도 이런 약을 너무 많이 먹었던 탓이었다고 하고, 당 태종도 이런 약을 먹어 급사했다는 소문도 있다. 오래 살려다가 도리어 사람을 잡은 셈이다.

또 중국의 오대십국시대 때, 어지러운 현실에서 도피하던 귀족들이 먹던 기묘한 약으로 한식산(寒食散)이라는 것이 있다. 다른 이름으로 오석산(五石散)이라고도 하는데 말 그대로 다섯 가지 돌가루를 섞어 만든 약이다. 그 성분이나 효과는 자세히 알려지지는 않았지만, 남겨진 기록에 따르면 뭔가 환각작용 같은 특별한 기능이 있던 약이다. 특히 이 약을 먹으면 몸에서 심하게 열이 나기 때문에 먹고 난 뒤 심하게 달리거나 운동을 하면 곧장 죽게 된다고 했다. 그래서 이 약을 먹는 귀족들은 꼭 주변에 하인을 두곤 했다. 그래서 환각으로 제정신이 아닌 채 미쳐 날뛸 때 돕거나 말리게 해서 숨이 끊어지지 않게 했다고 한다. 비록 그 자리에서 죽지 않았어도 약을 먹고 난 뒤의 부작용이 심각해서, 서성(書聖)으로 이름난 왕희지도 이 약 중독으로 등이 갈라지는 등 끔찍한 후유증을 앓다가 고통스럽게 죽었다고 한다. 지금의 기준으로 생각한다면 이런 위험한 약품을 왜 먹었나 싶지만 그들에게는 너무도 귀하고 비싼 약이었다. 그래서 가난한 사람이 밥을 먹다가 돌 씹은 걸로 한석산 먹은 시늉을 했다가 비웃음을 샀다는 이야기도 전한다. 환각도 좋고 기묘한 체험도 좋지만 아무래도 이런 약들의 가장 중요한 목적은 불로장생이었다. 그런 약을 먹고 신선이 되었다는 이야기도 심심치 않게 전해지니 말이다.

만약에 그런 약을 먹어 열이 지나치게 올랐을 때, 몸을 식히는 방법으로 어떤 게 있을까. 지금이야 찬물이나 얼음주머니를 갖다두면 되겠거니 하겠지만 옛날에는 냉장고 같은 시설이 없었고, 얼음은 겨울에나 볼 수 있는 귀한 물건이었다. 신라의 지증왕 7년이던 506년, 지금의 경주에 석빙고(石氷庫)를 만들어 겨울의 얼음을 보관했다는 문헌이 남아 있으며, 창녕·해주 지역도 땅 속 깊이 갱을 파고, 내벽을 화강암으로 쌓아 얼음을 보관하려는 석빙고를 만들었던 흔적이 있다. 그래도 얼음을 맘 놓고 얻을 수 있는 것은 오직 날이 추운 겨울뿐이었고, 아니면 빙고에 저장해둔 얼음을 쓸 수 있었지만 지극히 귀해서 함부로 쓸 수 없었다.

그렇다면 이렇게 보관한 얼음을 어디에 썼을까. 빙고는 동빙고와 서빙고로 나뉘는데, 동빙고의 얼음은 제향(祭享)이나 공불(供佛) 등 국가의 제사에 사용했고, 서빙고의 것은 왕실의 주방에서 쓰거나 고관들에게 나눠주었다. 아무리 빙고라고 해도 만능은 아니어서, 보관해두었던 얼음이 조금 덜 녹는 것뿐이지, 지금 우리가 생각하는 냉동실처럼 얼음이 있는 그대로 고스란히 보존되는 것은 아니었다. 또한 제 아무리 왕이라고 해도 빙고 안의 귀한 얼음을 자기 마음대로 쓸 수 있는 것은 아니었다. 그렇다면 언제나 편하게 쓸 수 있는 얼음 대용품이 있어야 한다. 잘 알려졌다시피 뱀은 냉혈동물이다. 그렇다면 경문왕이 뱀을 침상 곁에 둔 것은 불로장생 약 등을 먹어 자신의 몸에서 나는 열을 식히려고 했던 것은 아닐까. 즉 뱀이 혀를 내밀어서 왕의 가슴을 덮어 차게 해주었다는 것이, 결국 왕의 몸에 뜨겁게 오른 열을 식히기 위한 방책이었는지도 모른다. 귀한 얼음을 쓰느니, 언제나 차가운 뱀을 얹어놓는 것이 확실히 그 당시에 취할 수 있는 가장 빠른 응급조치였을지도 모르겠다. 물론 뱀을 사람 몸에 댄다는 것은 지극히 끔찍한 일이고, 지금의 상식으로는 잘 이해할 수 없는 일이다. 어쩌면 경문왕의 뱀 설화에 대한 이런 해석도 결국 뱀이라는 모티브에 너무 집착한 결과일지도 모르겠다.

설령 지금까지 이야기했던 것들이 사실이라고 해도, 경문왕의 아들들인 헌강왕과 정강왕 역시 재위기간이 짧고(특히 정강왕은 즉위기간이 6개월에 지나지 않았다) 자식을 남기지 못했지만, 이들에게는 또 별다른 설화가 전해지지 않으니 말이다. 또 다른 자식인 진성여왕은 단명하지 않았던 점 역시 큰 문제로 걸린다. 이에 대해서는, 앞으로 좀 더 충분한 지식과 꾸준한 연구가 필요할 것 같다. 언젠가 경문왕의 능이 발견되어 그의 시신을 과학적으로 분석해낸다면 소기의 결과를 도출해낼 수 있을지도 모르겠지만, 이 이야기는 훗날 누군가의 손에 맡긴다.

6. 경문왕의 유산

경문왕이 간신히 다시 일으켜 세운 신라는 왕이 죽자
기다렸다는 듯 귀족들의 왕권 다툼으로 밤낮을 지새우게 된다.
결국 신라는 역사의 한 페이지로 흘러가고 만다.
설화와 역사 속에서 다시 만난 경문왕은
강철 같은 의지로 불타던 개혁 군주의 모습이었다.
왕이여! 당신이 오늘 우리에게 남기고 싶은 말은 무엇인가?

乃登位 王耳忽長如驢耳 王后及宮人皆未知唯　頭匠一人知之 然生平不向

人說 其人將死 入道林寺竹林中無人處 向竹唱云"吾君耳如驢驢耳"其後

風吹則竹聲云"吾君耳 如驢驢耳"王惡之 乃伐竹而植山茱萸 風吹則但聲

云"吾君耳長"道林寺 舊在入都林邊

—《삼국유사》 권2, 〈기이〉 2, 48대 경문대왕조

왕이 즉위하자 그의 귀가 갑자기 노새 귀처럼 길어졌다. 왕후와 대궐에서 일보는 사람들은 아무도 이것을 몰라보았으나 오직 두건 만드는 한 사람만이 알아보았다. 그러나 그는 평생 다른 사람에게 이런 이야기를 하지 않다가 그가 죽을 당시에 도림사(道林寺) 대숲 속에 들어가 아무도 없는 곳에서 대를 향하여 외치기를, "우리 임금 귀가 노새 귀 같네!"라고 하였다. 그 후에 바람이 불 때면 대가 소리를 내어 "우리 임금 귀가 노새 귀 같네!" 하였다.

당나귀 귀는 크다

당나귀 귀를 가진 임금님에 대한 동화책의 제일 마지막에는 이 같은 덧붙임이 있다.

대나무를 베고, 산수유 나무를 자꾸자꾸 베어도 귀 길다는 목소리는 계속 들려왔다. 마침내 임금님은 깨달은 바가 있어, 두건을 벗고 숨겨져 있던 길고 커다란 귀를 모두가 볼 수 있도록 드러냈다. 그리고 이렇게 말했다.
"이제 알았다. 내 귀는 다른 사람들의 말을 더 잘 듣고 이해하라고 하늘이 내린 것이다. 앞으로 더 좋은 왕이 되도록 힘쓰련다."
이후 임금님은 나라를 잘 다스리려 힘썼고, 백성들도 당나귀 귀를 가진 임금님을 자랑스럽게 여겼다.

동화는 이런 식으로 끝났다고 기억한다. 하지만 《삼국유사》에 실린 경문왕 이야기는 대나무를 베어낸 이후 자라난 산수유 나무 숲에서 계속 목소리가 들려왔다는 대목에서 끝나 있다. 아마 그 동화의 뒷부분은 작가가 새롭게 각색을 한 게 아닐까라는 생각이 든다. 그렇다고 해도 정말로 잘 만든 결말로 보인다.

당나귀의 귀는 크다. 지금 당나귀라는 동물을 보아도 제일 먼저 눈에 띄는 것은 그 큼지막한 귀다. 그런데 귀가 크면 좀 더 소리를 잘 들을 수 있지 않을까. 사람에게 입이 하나고 귀가 둘인 것은 말하기보다는 더 잘 들으라는 뜻이라고 하지 않는가. 그 점에 착안하여 설화를 풀이하면 커져버린 귀는 경문왕이 남의 말을 안 듣는 독재 정치를 했던 데에서 기인한 것으로도 볼 수 있다. 경문왕은 커져버린 귀를 부끄럽게 여겨 숨기려고 두건을 썼다. 잘 들으라고 귀가 커졌는데 귀를 가리는 두건을 썼다니 아예 들을 구멍을 차단이라도 한 것 같은 느낌이 든다. 게다가 침상에는 뱀들이 몰려들어 사람들은 무서워서 가까이 다가가지 못하는데, 경문왕은 뱀들을 도리어 친밀하게 여기고 있다. 이런 뱀들이 왕의 측근 세력이었던 화랑이나 육두품 세력을 뜻하는 것일지도 모른다는 설명은 앞에서 말한 대로다.

설화를 어떻게 해석할 것인가 하는 문제와는 별도로 경문왕이 폈던 개혁 정책들을 분석해보면 신라 하대의 다른 왕들과 달리 왕권 강화를 위해 진력했고 귀족들을 억압했던 경문왕의 면모가 뚜렷이 드러난다. 그는 정말로 독재자였을지도 모른다. 진골귀족을 탄압한 왕이라고 해서 무조건 백성들에게 반드시 포악한 왕이었을 리는 없지만, 경문왕 시대는 자연재해가 빈번했는데도 황룡사의 중수라든지 누각을 짓는 등의 토목공사가 잦은 편이어서 백성들이 편히 쉴 틈이 별로 없었던 것도 또한 사실이다.

그러나 잠깐, 다른 방향으로 생각해보자. 어차피 신라는 왕이 지배하는 체제였고 왕권 강화라는 것이 반드시 부정적인 측면만 있는 것도 아니었다. 현명하고 능력 있는 국왕이 의욕에 넘쳐 나라 살림을 돌본다는 것을 전제로 하면, 국왕의 리더십이 강할 때 나라는 효율적으로 통치되며 백성들의 살림살이가 나아질 수도 있어었다. 사공이 많으면 배가 산으로 간다는 말처럼, 정책 결정에 연관된 사람이 많으면 많을수록 각자의 다양한 이익과 상황이 얽히게 되고, 그러면 최종 의견이 결정되는 데 많은 진통이 따르게 된다. 한 편에는 좋은 일이 다른 편에는 나쁜 일일 수 있고, 반대의 경우도 있다. 이럴 때 가지가지 이유로 반대하는 사람들의 견해를 모두 반영해 주다보면, 결국 어떤 일도 하지 못하게 되는 수가 있었다. 때로는 대다수 사람들이 싫어하고 반대하더라도, 꼭 하지 않으면 안 되는 일도 있는 법이다. 예를 들어 커다란 도로를 낸다거나, 제방을 쌓는 것 같은 큰일은 나라의 재정은 물론이요 백성들을 많이 괴롭히게 되지만, 이후 물류의 이동이나 홍수를 막기 위해서 꼭 필요한 일이다. 그래서 로마도 점점 비대해지는 제국을 효율적으로 다스리기 위해, 공화제에서 황제 독재체제로 바뀌지 않았던가. 어찌 보면 백성에게 인기 있고 사랑받는 착한 왕이 되는 것이 더 쉬운 일이었을지도 모른다. 세금을 감면해주고, 성이나 도로공사 같은 사업을 벌이지 않는다면 비난받거나 원성을 들을 일도, 인력과 세금을 거두기 위해 골머리 썩힐 까닭도 없었다. 그러나 그렇게 되면 중요한 나라 살림을 제대로 꾸려나갈 수 없고, 큰 재해가 벌어지거나 외적이 쳐들어올 때 맞서 싸울 수 없게 된다. 그렇다면 그건 결코 훌륭한 왕은 아니다.

과연 경문왕은 뛰어난 왕 더 나아가서, 성군 소리를 들을 만한 왕이었을까? 쉽게 단정하기는 어렵겠지만 경문왕은 성군이라는 평가를 듣기에는 비교적 많은 결점을 가지고 있었다. 우선 정말 선량하고 현명한 왕이었다면 자기 자신의 독단을 통해 혼자 힘으로 나라를 꾸려나가기보다는 훌륭한 인재를 적재적소에 배치할 줄 알았어야 했다. 한나라를 세운 고조 유방도, 본인은 세 사람의 신하보다 잘난 것 하나 없다고 고백했고 우리나라 최고의 성군으로 꼽히는 세종대왕만 하더라도 그의 업적으로 불리는 것들 중 상당수는 신하들 — 각 분야의 전문가들의 노력한 결과이기도 했다. 즉, 실무는 전문가에게 맡기고 왕은 계획의 발안 및 진두지휘를 담당한 셈이다. 그런 의미에서 경문왕은 15년 동안 신라를 다스리면서 딱히 대단한 일을 한 것 같지는 않아 보인다. 도리어 없는 나라 살림을 축내가며 탑을 세우고 궁궐을 고치는 등 토목공사를 벌였다는 비난을 받을 여지가 없지 않았다. 물론 뱃놀이를 하기 위해 운하를 만들고 홧김에 고구려 정벌을 했다던 유명한 폭군 수양제와 비교될 정도는 아니었다 해도, 백성들의 원망을 한 몸에 받기에 마땅했을지도 모른다. 그런 이유로 경문왕이 당나귀 귀나 뱀의 이야기와 얽히게 되어 웃음거리로 여겨졌을 수 있다.

하지만 이런 판단은 너무 성급하다. 한 시대의 흥망성쇠를 어떻게 동시대 사람들이 정확히 알 수 있겠는가. 겉보기엔 좋고 아름답게 보일지라도, 썩어 들어간 속내가 다음 세대에 악취를 낼 수도 있고, 혹시 어지럽고 끔찍한 일이 있더라도 훗날 결과가 좋게 나타날 수도 있다. 공자도 설령 성군이 나타난다하더라도, 한 세대 — 그러니까 30년이 지나야만 비로소 그 시대가 어질어지리라고 말했다.

잠깐 다른 예를 들어보자면, 산업혁명 당시 영국에는 기계를 증오하고 부수는 사람들이 있었다. 아무리 숙련된 노동자가 애써 일한다고 해도 방적기 하나 못 따라가는 시대가 왔기 때문이다. 자본가들은 이익을 위해 다수의 노동자들을 내쫓고 기계를 들였다. 이렇게 되자, 노동자들은 자신들의 일자리를 빼앗아간 기계를 때려 부수었다. 이것을 러다이트 운동(Luddite Movement)이라고 한다. 흔히 산업혁명기하면 현재 문명의 편리함을 일구어낸 인간 역사상 가장 획기적인 시대로 보지만, 그 이면에는 시대의 격랑에 희생당한 사람들의 처절한 고통과 아픔이 있었다. 자본가들은 일손을 쓰다 버리는 부품으로 비인간적인 대우를 했으며, 노동자들은 기계가 없어지면 일자리가 생길 것이라 믿어 기계를 부셨다. 도시의 발전은 끔찍한 비위생적인 생활환경과 전염병의 만연을 초래하기도 했다.

마찬가지로 동아시아에서 근대화의 예를 들어보자. 한국, 중국, 일본의 아시아 세 나라 중 근대화에 성공한 것은 일본뿐이었다. 그러나 일본에서도 근대화가 진행되는 동안 수많은 희생이 있었다. 사쓰마와 조슈에서는 반란이 일어났고, 신선조 같은 정치깡패가 거리를 헤집었으며, 메이지 유신을 주도했던 세 사람의 지도자는 모두 제 명에 죽지 못하고 암살당했다. 그렇게 흘려진 희생의 피를 바탕으로 간신히 이뤄진 것이 일본의 메이지 유신이었다. 이처럼 하나의 시대가 만들어지기 위해서는, 그만한 바탕과 밑거름, 그리고 희생이 요구되는 법이다.

경문왕은 독재자였지만, 독재가 쉬운 일은 아니었다. 경문왕 스스로도 그 자리를 지키기 위해 최선을 다해야 했고, 그에게 힘이 되어줄 세력들을 구축해야만 했으며, 그리고 초인이라는 점을 입증해야 했다. 보통 사람처럼 평범한 독재자는 웃음거리밖에 안 된다. 언제나 특별하고, 신비하고, 굉장해야 했다. 그래서 진시황이나 옹정제를 비롯한 대부분의 독재자들이 과로사했다는 우스갯소리도 전하지 않는가.

분명 처음에, 이런 모든 이야기들은 불만을 가진 귀족들이 왕을 비꼬아 욕했던 것에서 시작되었는지도 모른다. 당나귀 귀는 크고, 그래서 이런 저런 이야기들을 잘 들을 수 있다. 하지만 이것은 두건에 가려져 있었기에 사람들 — 귀족들의 말을 듣지 못한다. 하지만 커다란 귀는 역시 커다란 귀라서, 반란 음모 같은 이야기들을 남몰래 잘 듣고 귀족들을 효과적으로 통제할 수 있었다. 이때 경문왕의 귀가 되고 손발이 된 것은 이제까지 진골귀족 세력들에게 반감을 가졌던 화랑과 육두품들이었다. 진골귀족들은 자신들보다 신분이 낮았던 이들이 왕의 비호를 업고 정치에 참여하는 것을 보고 질색을 했을 것이고, 그래서 이들을 뱀으로 불렀다고 볼 수가 있다. 사람들이 뱀들을 쫓아버리려고 해도, 오히려 경문왕은 뱀들과 침상에까지 함께 할 정도였다는 것은 그가 진골귀족들을 걷어내고 신진 세력을 적극적으로 육성시켰던 것을 암시한다.

그리고 또 한편으로, 이처럼 신하들, 백성들과 괴리되어 있던 왕에 대한 강력하고도 신비한 느낌이 덧붙여져 설화가 만들어졌을지도 모른다. 어쩌면, 경문왕 자신이 그렇게 되도록 주도했을 수도 있다. 당나귀 귀가 그렇고, 그를 둘러싼 뱀이 그렇다. 왕이 나와 같은 사람이 아니고 뭔가 이상하고 특별한 힘, 혹은 능력을 가졌다는 확신이 있다면 범접하기 어렵게 여기고, 감히 반란을 일으킬 마음 또한 품지 못하는 법이다. 마키아벨리(N. Machiavelli)는 《군주론》에서 군주가 신하와 백성들에게 충성이 아니라 두려움의 대상이 될 때 가장 좋다고 말하기도 했다. 결국 모든 진실은 분명하게 알 수 없어도, 이렇게 많은 소문들이 있다면 그 안에 무언가 진실을 담고 있지 않을까.

경문왕 다음의 시대

이제 마무리를 지어야 할 것 같다. 경문왕의 시대가 남긴 것은 무엇이었던가? 단언할 수 있는 것은, 경문왕을 기점으로 그 전과 후가 분명한 차이를 보인다는 것이다. 경문왕 이전의 신라 하대가 어떤 시대였는지는 상세하게 살펴보았다. 경문왕 때만 하더라도 그렇게 크게 달라진 것 같지는 않다. 그럼 경문왕의 뒤를 이은 그의 큰아들 헌강왕이 다스리던 시대는 어떠했을까.

우선 헌강왕이라는 사람의 됨됨이부터 살펴보자. 그는 총명하고 민첩했고, 독서를 좋아한데다가 기억력이 대단해서 한번 본 것은 모두 외웠다고 하니 수재 타입의 인물이었던 것 같다. 헌강왕은 즉위한 다음 삼촌이었던 이찬 위홍을 상대등으로 삼고, 대아찬 예겸(乂謙)을 시중으로 삼았다. 경문왕의 아우로 정치적 영향력이 컸던 위홍은 자연스레 헌강왕 즉위 후에도 조카 헌강왕의 후견인 겸 정치적인 수뇌 역할을 맡았다. 그리고 헌강왕이 다스리던 12년 동안의 기록을 죽 훑어보면, 이전 시대에 비해 훨씬 '평화로워졌다'는 느낌이 든다. 우선 중요한 일로, 4년(878) 여름 4월에 당나라 희종(僖宗)의 사신이 헌강왕을 '사지절 개부의동삼사 검교태위 대도독계림주제군사 신라 왕(使持節 開府儀同三司 檢校太尉 大都督林州諸軍事 新羅王)'으로 책봉했다. 아버지 경문왕에 비해서 훨씬 빨리 왕으로서 명분을 얻은 셈이었다. 한 가지 재미있는 사실은, 그 시대의 기록들에 이렇다 할 큰 문제점이 없다는 점이다. 그뿐 아니라 신비하고 상서로운 조짐이 유난히 많이 나타났다.

《삼국사기》 헌강왕 5년의 기록에는 왕이 지방을 순행하고 있을 때, 기이한 옷차림을 한 산과 바다의 정령들이 왕의 수레 앞에서 노래 부르고 춤을 추었다고 한다. 12년에는 보로국(寶露國)과 흑수국(黑水國) 사람들이 신라와 화친을 하겠다고 청해왔다. 무엇보다도, 설화와 이야기를 통해 우리에게 친숙한 처용(處容)이 나타나 신라에 신세를 지게 된 것도 바로 헌강왕 때의 일이었다. 처용이 정말로 동해 용왕의 일곱째 아들이든, 아니면 일부 학계에서 주장하는 것처럼 이슬람계 상인이든 그런 사실이 중요한 것은 아니다. 어쨌든 기이한 사람이 찾아와 왕에게 의탁할 만큼 나라가 안정되고 평화로웠으며, 왕권이 강력해졌다는 점이 중요하다. 이런 헌강왕의 시대를 단적으로 표현해주는 이야기는 헌강왕 6년(880)의 기록에 나온다. 헌강왕이 신하들과 함께 월상루(月上樓)에 올라가서 도성을 내려다보았는데, 당시 신라의 서울인 금성에는 백성의 집과 담들이 줄줄이 이어져 있었고 노래와 음악소리가 끊이지 않았다고 한다.

이를 내려다본 헌강왕은 신하들에게 물었다.

"내가 듣건대 지금 민간에서는 기와로 지붕을 덮고 짚으로 잇지 않으며, 숯으로 밥을 짓고 나무를 쓰지 않는다고 하니 사실인가?"

이 말을 통해 당시 신라의 집이 어떻게 만들어졌는지를 잠깐 엿볼 수 있다. 짚으로 만든 지붕은 비용이 싸고 만들기 간단하기는 하나 오래가질 않는다. 한 계절이 지나면 벌레가 끓고 썩어버리기 때문에 계속 꾸준하게 갈아줘야 한다. 옛날에는 기와집이 곧 부유함의 상징이었다. 그런데 천 년도 훨씬 전인 신라시대에 너도나도 짚 대신 기와로 지붕을 잇고, 연기가 나는 나무대신 숯을 써서 밥을 지은 터라 밥 짓는 연기가 보이지 않고 생활에 음악을 곁들일 정도였다니. 이는 당시 신라의 생활이 대단히 풍요로웠다는 것을 뜻한다. 과연 여기에서 말하는 민간이란 것은 모든 백성을 포함하는 것인지, 아니면 도성 안에 살고 있었던 사람만을 뜻하는 것인지는 정확하지 않지만 그렇다고는 해도 초가집 대신 기와를 올리는 것은 물론이요, 연기 나는 것을 꺼려해서 일부러 장작이 아닌 숯을 골라 쓸 정도였다면 굉장히 당시의 삶이 풍족하고 여유가 많았음을 짐작하게 한다.

아무튼 헌강왕의 이 같은 물음에 대해, 당시 시중이었던 민공(敏恭)은 이렇게 말했다.

"임금께서 즉위하신 이후로 음양(陰陽)이 조화롭고 비와 바람이 순조로워 해마다 풍년이 들어, 백성들은 먹을 것이 넉넉하고 변경은 평온하여 민간에서 즐거워하고 있습니다. 이것은 거룩하신 덕의 소치입니다."

이 말에 왕은 기뻐하며 이렇게 대답했다.

"이는 경들이 도와준 결과이지 짐(朕)이 무슨 덕이 있겠는가?"

물론 이런 대화는 민공이 헌강왕의 비위를 맞추려 했던 것일 수도 있지만, 당시 신라의 도성이 상당히 안정되고 부유했던 것은 어느 정도 사실이다. 무엇보다도 왕의 삶에 여유가 있어 보인다. 헌강왕 5년(879) 6월에 일길찬 신홍(信弘)의 반란이 일어났지만 금방 진압된 것 같다. 그런데 한 가지 특이한 점은, 반란이 일어났던 바로 그해의 10월과 12월에 헌강왕은 활쏘기를 관람하거나 사냥을 하고 있다. 만약 반란 세력이 숨어 있다면 무기를 자유롭게 휴대할 수 있는 활쏘기나 사냥이나 한 순간 쿠데타로 이어질 수 있고, 실제로 역사상 많은 반란들이 사냥터에서 벌어지기도 했다. 그런데도 헌강왕은 그 외에도 임해전에서 연회를 베풀거나 신하들과 어울려 시를 읊고 술을 마시는 등, 왕의 권한과 즐거움을 한껏 누리고 있다. 《삼국사기》 헌강왕 3년의 기록으로는 고려 태조 왕건의 출생이 기록되어 있을 뿐이며, 7년과 10년에는 왕과 신하들이 잔치를 베풀거나, 시를 지으며 놀았던 기사만이 기록되어 있다. 8년에는 일본이 조공과 선물을 바쳤고, 12년에는 북쪽의 유목 민족들이 신라 왕에게 화친을 요청했다. 이후 그의 동생인 정강왕 시대의 기록에도 큰일이 벌어져 나라가 어려움에 빠진 듯한 기색은 비치지 않는다. 다만 왕이 병사하는 바람에 즉위기간이 너무 짧았을 뿐이다. 바로 전전대에, 즉위하기 무섭게 반란군에 쫓겨났던 신라의 왕들에 비하면 너무나도 큰 차이가 난다. 천재지변이 자주 벌어졌던 그들의 아버지 경문왕 대에 비해서도 말이다.

이런 변화는 무엇을 뜻하는가? 귀족들이 갑자기 마음을 고쳐먹고, 대자연은 온순해졌던 것일 리는 없다. 신라 하대의 혼란기를 거치면서 나약해졌던 왕권이 한층 강력해지고 귀족들의 세력이 약화되어, 어지러웠던 신라 사회가 안정을 되찾게 되었던 결과로 보는 게 적절할 것이다. 그러나 이것이 헌강왕 혼자 일구어낸 결과는 결코 아니다. 신라 하대, 왕의 세력이 약해진 게 하루아침에 일어난 일이 아니듯, 다시금 강해지는 것도 쉽게 될 일이 아니었다. 태평스러운 헌강왕의 시대란 결국, 그의 아버지 경문왕이 쌓아두었던 업적이 있었기에 가능했던 것이다. 그렇게 본다면 경문왕 시대 때 벌어졌던 많은 일들이 일견 부정적이었다고 해도, 후대의 긍정적인 사회를 만들어냈다고 평가할 수 있겠다. 그리고 그런 의미에서 이것을 지키고 보전하지 않고 누리기만 했던 헌강왕이 어리석은 왕이자 불효자였다고나 할까.

《삼국유사》에는 헌강왕 앞에 나타났던 정령들에 대해 좀 더 자세하게 기록되어 있다. 포석정에 남산의 신이 나타나 춤을 추었는데, 오직 왕의 눈에만 그 모습이 보였다고 한다. 그 이름은 상번(祥番)이라고 하여, 기이한 춤을 추었다는 것이다. 그리고 계림의 북쪽 산인 금강령에 갔을 때는 옥도검(玉刀鈐)이라는 북악의 신이 나타났고, 동예전에서 잔치를 했을 때는 지신(地神)이 나타났는데, 이름은 지백급우(地伯級于)였다고 한다. 이런 신령의 출현은 과연 무엇을 의미하는가. 이들이 실재했는지 어땠는지보다도 눈길을 끄는 대목은 《삼국유사》 안에 인용된 《어선집》이라는 책의 내용이다.

> 그때 산신이 춤을 추고 노래 부르기를, "지리다도파(地理多都波)"라고 했는데 도파(都波)라는 말은 지혜로 나라를 다스리는 사람이 미리 상황을 깨닫고 많이 도망가서 도읍이 장차 파괴된다는 뜻이다.

경문왕은 분명 나라를 안정시키는 데 전력을 다했다. 그의 아들 헌강왕 시대의 안정된 나라 살림과 정치는 바로 그가 노력했던 결과가 나난 것이리라. 하지만 이런 안정된 추세가 고스란히 이어지지 못하고 아주 짧은 기간에 끝났다는 게 문제였다. 겉으로는 평화로워 보이더라도 신라는 이미 멸망해가고 있었고, 지신과 산신은 그것을 경고하려 했다. 그러나 헌강왕은 그런 것은 알지 못하고, 오직 신령이 나타난 길조로만 여겨 기뻐했다. 그래서 정치에 힘쓰기는커녕 술과 여색을 더욱 탐했다고 하니, 간신히 안정된 나라가 다시금 기울어질 만도 했다. 게다가 헌강왕은 아직 어린 서자만을 후손으로 두어 죽은 뒤 동생 정강왕에게 왕의 자리를 물려줘야 했다. 그 정강왕도 즉위한 지 6개월 만에 세상을 떠나게 되어, 여동생 만이 진성여왕으로 왕위에 올랐다. 그들의 어머니였던 문의왕후가 '암탉이기 때문에' 즉위하지 못했던 것에 비하면 상당히 파격적인 일이었다. 경문왕계는 경문왕이 탄탄히 쌓아올린 왕권을 토대로 왕위계승권을 확실히 장악하고 있었고, 이것을 다른 진골귀족 가문에게 빼앗기지 않으려는 결과로 이해하는 게 타당하겠다.

하지만 진성여왕 대에 접어들면, 이 같은 경문왕의 업적은 완전히 빛을 잃고 만다. 《삼국사기》 〈진성왕〉의 기록을 읽어보면 각지에서 도적들이 벌떼처럼 일어났지만 나라는 힘이 없어 진압하지 못했고, 당나라에서 귀국한 최치원이 개혁안을 올려도 전혀 시행하지 못하였다. 《삼국사기》에 기록된 당시의 반란군 중에는 양길이나 궁예, 견훤의 이름도 보인다. 결국 이들 반란 세력은 후고구려, 후백제를 세움으로써 통일신라를 다시 한번 쪼개어 후삼국시대로 접어들게 된다. 이 같은 혼란이 진성여왕만의 잘못이라고 하면 그것도 아니다. 그녀가 평화로운 때가 아닌 난세에 왕으로 즉위했기에 운이 굉장히 나빴던 탓도 있지만 이런 문제들의 씨앗은 경문왕 때부터, 그리고 이후 헌강왕이나 정강왕 때에도 이미 자라나고 있었다고 봐야 한다. 그러나 문제의 싹을 미리 잘라내지 못했기 때문에 경문왕이 애써 구축했던 왕권이 진성여왕 대에 가면 급격하게 약화되고 모든 문제들이 봇물 터지듯이 쏟아져 나왔던 것이다. 그 동안 경문왕이 강화시킨 국력을 결국 그의 자식들 대에는 더 이상 살리거나 이어나가지 못했다는 말이 된다.

《정관정요》를 보면 '나라 세우기는 쉽지만 지키긴 어렵다[易創業難守成]'라는 말이 있다. 고구려 정벌의 주역이자 정관의 치를 이룩했던 당태종이 신하들에게 나라를 세우는 창업과 이것을 지키는 수성 중 무엇이 더 어려운가 하고 물어본 뒤 직접 내린 결론이었다. 일을 이룩하기엔 쉬우나 지키긴 어렵다는 것. 하지만 그보다 좀 더 어려운 게 있다. 창업도 어렵고 수성도 어렵겠지만, 이미 기울어진 업을 다시 일으켜 세우는 것은 더 어려운 법이다.

하대의 신라는 확실히 멸망의 길로 접어들고 있었다. 왕도 이름뿐인 왕이었지 언제 반란이 일어나 살해당할지 모르는 처지였다. 그런데 그런 와중에서, 다시금 나라의 토대를 정비하고 귀족들과 다른 세력을 억눌러 무너져가던 신라를 다시 한번 다잡아 일으켜 세운 왕이 바로 경문왕이었다. 그의 이 같은 노력은 후손인 헌강왕, 정강왕, 진성여왕과 헌강왕의 아들이었던 효공왕까지 이르는 경문왕 계열의 왕들이 신라 왕위를 오랫동안 독점하는 결과를 만들었다. 하지만 경문왕 사후, 어느 정도 예전의 강력함을 되찾는 듯했던 신라는 급속하게 내리막길에 접어들어 나라의 힘이 더욱 기울어졌다. 지방 세력은 전부 독립하려는 의지를 보이거나 반란을 일으켰고, 중앙정부는 지방에 대한 통제력을 거의 잃은 채 간신히 신라라는 나라의 명맥을 유지하는 형편이 되었다. 마침내 935년에 신라의 경순왕(재위 927~935)도 고려 태조 왕건에게 나라를 들어 항복했고 신라는 나라가 세워진 지 근 천 년 만에 멸망하게 된다. 결국, 경문왕 시대는 신라라는 별이 마지막 힘을 다해 빛을 발한 순간이었다.

박씨 왕의 즉위, 그리고 신라의 멸망

　지금까지 누누이 설명했듯, 강력했던 경문왕가도 52대 효공왕을 마지막으로 대가 끊긴다.

　효공왕은 앞에서도 잠깐 이야기가 나왔지만 경문왕의 큰아들인 헌강왕의 아들인데, 그의 어머니와 헌강왕은 정식으로 결혼한 것이 아니어서 그의 즉위부터 예사롭지 않았다. 전술한 대로 신라의 골품제는 왕족들에게도 마찬가지로 엄격하게 적용되는 것이었다. 효공왕의 어머니는 진골출신이 아니었고 — 어쩌면 더 낮은 신분이었을지도 모르겠지만 여기에 대해서는 기록이 없으니 알 수 없다 — 그런데도 진성여왕의 뒤를 이어 왕위에 올랐다는 것은 보통 일이 아니다. 이처럼 골품제를 깨뜨리는 듯한 효공왕의 즉위는 이미 골품제도가 허물어져가고 있음을 보여주는 한편, 그의 고모인 진성여왕의 즉위에서 증명된 경문왕계의 힘이 재차 입증된 사건이었다. 즉 진성여왕처럼 여자거나 효공왕처럼 명분이 약한 서자라고 해도, 경문왕의 후손이면 왕이 될 수 있었다는 것을 의미한다. 실제로 진성여왕에게는 아들이 여럿 있었지만 효공왕에게 양위했다고 한다. 여기에 대해서는 진성여왕이 이제까지 실정에 대한 책임을 지기 위해 자신의 계승권을 포기했다는 의견과, 다른 한편으로는 왕위계승이 경문왕의 '남자 자손'들에게만 국한되었기에 여왕의 자식은 비록 경문왕의 손자일지언정 왕위계승권을 가지지 못했다는 의견이 있다.

어느 견해가 옳은지 판단하기가 어렵지만 경문왕계가 그 힘을 잃고 있었던 것 만큼은 틀림없다. 경문왕계의 마지막 왕인 효공왕의 죽음에도 석연치 않은 점이 있었다. 전술했듯이 《삼국사기》〈효공왕〉 16년의 기록에 따르면, 왕이 천한 여자에게 빠져 정사를 돌보지 않자 대신 은영이 그녀를 살해했다고 한다. 사정이야 어찌됐든, 총애하는 여자가 신하의 손에 죽는데도 왕이 가만히 있다는 것은 뭔가 이상하다. 무엇보다도 바로 다음해 효공왕도 그녀의 뒤를 따르듯 세상을 떠난다. 이렇게 갑작스러운 왕의 죽음에 대해 사서에 별다른 설명이 없으니, 바로 전해에 죽은 효공왕의 총첩에 관한 것과 관련해서 의문이 증폭된다. 혹시 효공왕의 죽음에 뭔가 석연치 않은 내력이 있는 게 아닐까.

한편 이런 의심에 불을 지피는 것이 바로 효공왕의 뒤를 이어서 즉위한 신덕왕(재위 912~917)이 김씨 성이 아닌 박씨 성이었다는 데 있다. 물론 신라에 박, 석, 김씨의 세 성씨가 돌아가면서 왕을 했던 역사가 있었다고는 하지만, 그것은 온전히 나라 체계를 잡기 이전인 먼 옛날이야기였고, 17대 내물왕 이후 김씨 성이 왕위를 독점하게 된 지 수백 년이나 지난 뒤였다. 게다가 53대 신덕왕부터 55대 경애왕(재위 924~927)까지는 박씨 성을 가진 사람들이 한동안 왕이 되었다. 역성혁명(易姓革命)이라는 말은 중국에서부터 시작한 말인데, 왕의 성이 바뀌면 곧 왕조가 바뀌는 기준이 되고 아예 나라의 이름도 바뀌곤 한다. 그에 비해 통치자의 성이 바뀌었으면서도 신라라는 나라가 고스란히 유지된 것은 굉장히 특이하다고 할 수 있다. 이는 신라시대가 아직은 가장인 아버지가 한 성씨를 가진 가족 모두를 '효'라는 이념을 통해 지배하고, 족보와 정기적으로 벌어지는 제사를 통해 가문의 일원들을 하나로 뭉치게 하는 유교적 전통이 그리 깊지는 않았음을 보여준다. 어쨌든 왕은 백성들의 아버지였고 왕비는 어머니였지만, 아버지의 성씨가 바뀐다는 것이 신라 사회에서는 그렇게 커다란 충격은 아닐 수도 있으니 역성혁명이라고 볼 수는 없지만, 그래도 너무 갑작스러운 '교체'였다.

《삼국사기》에서는 효공왕이 죽은 뒤 자식이 없었기 때문에 신덕왕이 나라 사람들의 추대를 받아 왕이 되었다고 했는데, 여기서 말하는 나라 사람이란 곧 귀족, 더 정확히는 왕위계승 문제에 관여할 수 있는 진골귀족들이다. 더 자세히 설명하자면, 신덕왕의 이름은 박경휘(朴景暉)로 헌강왕 때 시중자리를 맡은 예겸의 의붓아들이었다. 박경휘의 아내 김씨가 헌강왕의 딸이니, 즉 박경휘는 효공왕과는 처남매부 사이가 된다. 그렇다면 신덕왕도 일찌감치 경문왕계와 밀접한 관계를 맺고, 상당한 세력을 보유했다고 생각된다. 경문왕 자신도 공주와 결혼한 사위의 자격으로 왕위에 올랐으니, 신덕왕의 즉위도 아주 이상할 건 없다. 그러나 효공왕의 매부는 신덕왕 한 사람만 있지 않았다.

효종(孝宗)은 46대 문성왕의 후손으로 역시 김씨이고, 신덕왕과 마찬가지로 헌강왕의 사위였다. 덧붙이자면, 신라 마지막 왕인 경순왕 김부(金傅)의 아버지이기도 하다. 만약 신덕왕과 효종을 비교하면 왕의 사위라는 조건은 동일했다. 그러므로 김씨였던 효종이 배제되고 박씨였던 신덕왕이 즉위하게 된 데는 당연히 이유가 있으리라.

물론 이에 대해 직접적으로 언급한 사료는 없다. 하지만 효공왕 때 시중 자리에서 물러났던 계강이라는 사람을 신덕왕이 다시 기용했던 것을 보면, 신덕왕이 효공왕과는 정치적으로 반대되는 성향이 아니었을까 추측되는 정도이다. 게다가 태종무열왕계와 내물왕계가 대립했던 김주원과 김경신의 계승 쟁탈전만 보더라도, 후손이 없는 왕이 죽었을 때 유망한 후계자들끼리 정치적인 대립을 벌였을 것은 당연하다. 결국 신덕왕의 즉위는 같은 처지의 라이벌인, 효종과 대결해서 승리한 덕이라고 보는게 정확하다.

이로써 신라의 왕위는 몇백 년 만에 다시 박씨에게 넘어갔는데, 김씨 왕족과 박씨 왕족의 대립은 우리가 생각하는 것보다 훨씬 치열한 것이었다. 한국 고대사에 관심이 있다면 기억하고 있을지도 모를 경애왕의 비극이 바로 그 결과다. 신라가 멸망의 길로 접어들고 있을 때, 후백제를 세운 견훤이 군대를 이끌고 신라 안으로 침입해 들어와 포석정에서 연회, 혹은 제사를 벌이고 있던 신라의 경애왕을 사로잡아 자결을 강요하고, 신라 마지막 왕이 되는 경순왕을 즉위시키고 돌아간 바로 그 사건 말이다. 이제까지는 이 사건이 고려와 손을 잡으려던 신라를 견제하는 견훤의 움직임으로 해석됐는데, 이 사건을 전후로 나라의 사정을 살펴보면 이상한 점이 쉽게 눈에 띈다.

견훤의 포석정 습격으로 쇠망하던 신라는 완전히 허수아비가 되었고, 수십 년 뒤 경순왕은 고려에 항복하였다. 학계에서는 포석정 사건을 고려와 연합하여 후백제에 대항하려는 경애왕을 견훤이 제거한 것으로 보았지만, 잘 생각해보면 이 포석정 사건은 미심쩍은 부분이 상당히 많다. 왕이 주최한 모임에서 반란도 아니라 적국의 군대가 쳐들어왔는데도 그 누구도 전혀 몰랐다는 것은 아무래도 있을 수 없는 일이다. 포석정은 신라의 수도 경주에 있는데, 아무리 당시의 신라가 실권 없이 이름만 남은 허깨비 나라라고 해도 무장한 적군이 수도로 쳐들어오기까지 왕이 전혀 눈치채지 못했다는 것은 이상하다.

우서 경애왕은 박씨 성의 왕이었고 그 뒤를 이어 왕이 된 경순왕은 김씨 성이었다. 더 자세히 말하자면, 경애왕은 박씨 성으로 처음 왕이 되었던 신덕왕의 둘째 아들이었고, 경순왕은 효종의 아들이었다. 이런 사실은 정치적 대립이 대를 이었다는 말도 되고, 다른 한편으로는 김씨 왕족, 즉 효종의 세력이 여전히 강력했다는 말도 된다. 따라서 근래 학계에서는 왕위계승권을 박씨에게 빼앗긴 김씨 귀족들이 후백제 세력을 끌어들여 경애왕을 공격하게 했던 게 아닐까 짐작하고 있다. 한편으로 박씨 정권은 이미 수백 년 동안 왕권을 독점해왔던 김씨 귀족들에 비해, 세력 기반이 그다지 강하지 않았기 때문에 고려와 사신을 주고받으며 왕권을 강화하려고 했고, 이에 반발한 김씨 귀족들이 후백제 쪽으로 돌아섰다는 것이다. 실제로 견훤에 의해 옹립된 경순왕 김부는 세상의 모든 괴뢰정부가 그러하듯 후백제 쪽에 우호적이라서 왕이 된 것이었다. 정리하자면, 어쩌면 경순왕이 후백제를 끌어들여 박씨 정권을, 나아가 신라의 운명 자체를 끝장낸 주체일 수도 있다. 결국 신라의 운명에 완전한 종지부를 찍은 것은 왕위를 놓고 벌어진 진골귀족들의 다툼이었다.

경문왕이 살던 시대를 연구하기 위한 가장 기초적인 사료를 들자면 역시 《삼국사기》와 《삼국유사》가 있다. 《삼국사기》는 〈신라본기〉 11권에 경문왕 이야기가 실려 있고, 《삼국유사》에서는 권2 '48대 경문대왕조(四十八景文大王條)'에 실려 있다. 그 외에도 《사산비명》과 《동문선》에 실린 최치원이 기술한 많은 외교문서와 왕가의 기록들이 그 시대를 이해하는 데 많은 도움을 준다.

역사적인 사실에 앞서, 경문왕의 당나귀 귀 설화는 '여이설화(驢耳說話)'라고도 하며, 그리스 신화의 미다스왕과 유사한 점이 지적되었고, 일찍부터 논의가 된 편이었다.

崔南善, 〈新羅景文王과 希臘의 미다스王〉, 《怪奇 Ⅰ》, 1929.

Paik, L.G., *Korean Folk - Tales and Its Relation to Folk - Lores of the West*, 朝鮮民俗, 1934.

李寬逸, 〈景文王說話와 카타르시스〉, 《文湖》 4, 1966.

曹喜雄, 〈韓國說話學史起稿〉, 《한실이상보박사회갑기념논문집》, 1987.

역사 쪽에서 경문왕과 관련된 연구는 그의 왕계를 살펴보는 연구가 주류를 이룬다. 그리고 신라 하대 정치사와 관련된 연구에서 경문왕에 대해 언급된 것은 매우 많은데 여기서 참고한 것을 적으면 다음과 같다.

김지은, 〈신라 경문왕의 왕권강화정책〉, 《경주사학》 21, 2002.

김창겸, 〈신라 경문왕대 수조역사의 정치적 고찰〉, 《계촌민병하교수정년기념사학논총》, 정음문화사, 1985.

송은일, 〈신라하대 경문왕계의 성립〉, 《전남사학》 22, 2004.

전기웅, 〈신라 하대말의 정치사회와 경문왕가(景文王家)〉, 《부산사학》 16, 1989.

조범환, 〈신라 하대 경문왕의 불교정책〉, 《신라문화》 16, 1999.

전미희, 〈신라 경문왕 · 헌강왕대의 '능관인'의 등용정책과 국학〉, 《동아연구》 17, 1989.

정원경, 〈신라 경문왕대의 원탑건립〉, 《박물관연구논문집》 1, 1992.

Vladimir Tikhonov, 〈경문왕의 유 · 불 · 선 융화정책〉, 《아시아문화》 12, 1996.

김복순, 〈신라 하대 불교계의 동향〉, 《신라문화》 11, 1994.

김창겸, 〈신라 하대 왕실세력의 변천과 왕위계승〉, 《신라문화》 22, 2003.

윤병희, 〈신라 하대 균정계의 왕위계승과 김양〉, 《역사학보》 96, 1982.

이배용, 〈신라하대 왕위계승과 진성여왕〉, 《천관우 한국사학논총》, 정음문화
　　사, 1985.
이종욱, 〈신라시대의 진골〉, 《동아연구》 6, 1985.
이종욱, 〈신라 화랑도의 편성과 조직변천〉, 《화랑문화의 재조명》 10, 1989.
조범환, 〈신라말 박씨왕의 등장과 그 정치적 성격〉, 《역사학보》 121, 1991.
조범환, 〈신라말 봉림산문(鳳林山門)과 신라왕실〉, 《진단학보》 88, 1994.
조범환, 〈신라말 화랑출신 인물과 왕위계승〉, 《사학연구》 57, 1999.

김창겸, 《신라 하대 왕위계승연구》, 경인문화사, 2003.
이기백, 《신라정치사회사연구》, 일조각, 1999.
이기동, 《신라골품제사회와 화랑도》, 일조각, 1990.
이종욱, 《신라골품제연구》, 일조각, 1999.
이종욱, 《화랑세기로 본 신라인 이야기》, 김영사, 2000.
전기웅, 《나말려초 정치사회와 문인지식층》, 혜안, 1996.
조범환, 《우리 역사의 여왕들》, 책세상, 2000.
조범환, 《신라선종연구》, 일조각, 2001.

임금님 귀는 당나귀 귀?

2004년 12월 24일 초판 1쇄 인쇄
2005년 1월 3일 초판 1쇄 발행

글쓴이 —————— 조범환, 문왕
펴낸이 —————— 박혜숙
주간 —————— 백승종
책임편집 ————— 조세진
영업 및 제작 ——— 양선미
인쇄 —————— 백왕인쇄
제본 —————— 정민제본
용지 —————— 화인페이퍼
펴낸곳   도서출판 푸른역사
          우 140-170 서울시 용산구 동자동 5-1 성사빌딩 207
          전화: 02)756 – 8956(편집부) 02)756 – 8955(영업부)
          팩스: 02)771 – 9867
          홈페이지: www.bluehistory.co.kr
          E-Mail: bhistory@hanmail.net
          등록: 1997년 2월 14일 제13-483호

© 조범환 · 문왕, 2005
ISBN   89-87787-96-6

• 잘못 만들어진 책은 교환해드립니다.

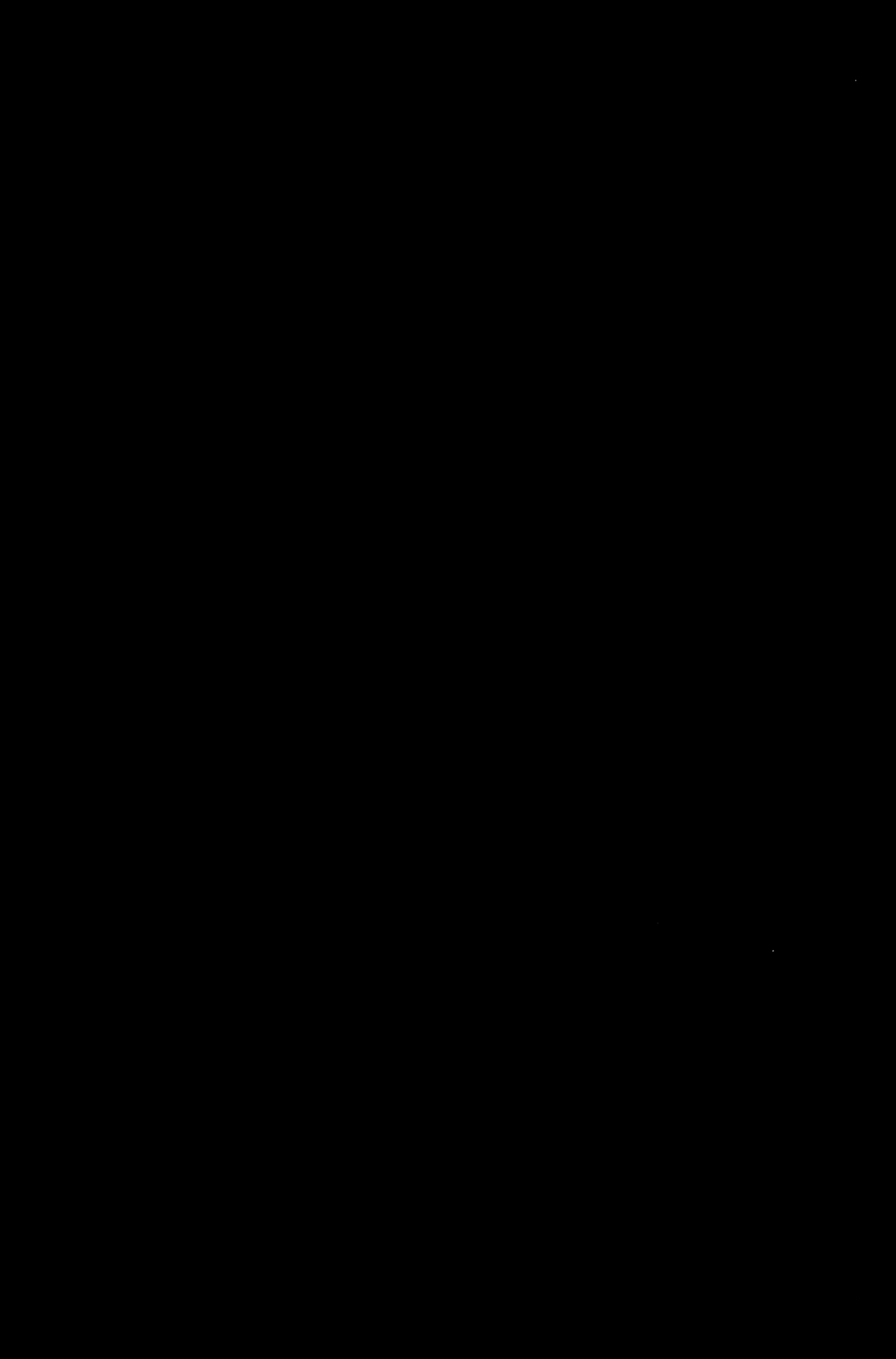